Aus dem Alltag

Everyday situations fc German role-play

GRAHAM WILSON

CAMBRIDGE UNIVERSITY PRESS
CAMBRIDGE
LONDON   NEW YORK   NEW ROCHELLE
MELBOURNE   SYDNEY

Published by the Press Syndicate of the University of Cambridge
The Pitt Building, Trumpington Street, Cambridge CB2 1RP
32 East 57th Street, New York, NY 10022, USA
296 Beaconsfield Parade, Middle Park, Melbourne 3206, Australia

© Cambridge University Press 1982

First published 1982

Printed in Great Britain by
David Green Printers Ltd

ISBN 0 521 28643 3

The cassette accompanying this book contains both the Dialogues (Section A) and the Role-playing dialogues (Section B) in the book, ISBN 0 521 24626 1

Cover photograph by Nigel Luckhurst.

Acknowledgments
Photograph on page 25 (top) by Edith Baer.
Drawing on page 41 by Martina Selway.

Contents

Introduction

SITUATION	LANGUAGE
1 Im Flugzeug	*Talking about yourself and asking others about themselves*
2 Ankunft in Deutschland	*Customs formalities*
3 Im Hotel	*Booking a room, asking about prices and facilities*
4 Auf dem Campingplatz	*Asking about a place on a campsite, asking about facilities*
5 Im Restaurant oder Gasthaus	*Ordering and paying for a meal, understanding the menu*
6 Auf der Post	*Asking for details of postal services*
7 Beim Telefonieren	*Using the telephone*
8 Auf der Straße	*Asking directions and distances*
9 Öffentliche Verkehrsmittel	*Asking for information about prices and times, buying tickets for all forms of transport*
10 Autowerkstatt/Tankstelle	*Talking about your car or moped*
11 In einem Geschäft (a) Essen	*Weights/measures/details, asking for what you*
12 In einem Geschäft (b) Schallplatten und Cassetten	*want in a shop, paying for the items*
13 Bei einer Party	*Introducing yourself to others, first remarks after an introduction, good wishes, inviting people and accepting or refusing invitations*
14 Im Reisebüro	*Asking for details of prices and travel possibilities*
15 Auf dem Flughafen	*Booking a flight*

Introduction

Language is not something that can be learnt solely from literature and grammar books. Language is alive — and for a student to achieve any degree of fluency it must be spoken and practised in as many different 'real' situations as possible. Since not every learner can live in or even visit the country whose language he or she is learning, it is necessary to bring those situations to the learner. — One way of doing this is to present the student with a range of situations in which he or she can role-play. This book presents 15 everyday situations in which the learner could come into contact with German-speakers.

Each chapter is divided into four sections:

A   The **Dialogue** (on cassette) represents the theme and also the model for the chapter. The learner should imagine himself or herself in a situation in which he or she would hear this dialogue in the country of the language.

B   The **Role-playing dialogue** (also on cassette) gives the learner a chance to put himself or herself on the spot, to practise a situation at normal speed as freely and as often as wished. The roles given in the book should ideally be learnt by heart and the responses should be varied as much as possible.

C   The **Words and phrases** are the bricks with which a conversation is built. The learner can exchange these elements and those in the dialogues of section A to form dialogues of his own. Some learners may prefer to take a detailed look at this section immediately after section A, before going on to the role-playing dialogue.

D   The **Further suggestions for role-playing** are intended to give the learner the opportunity to practise situations in which he is forced to express himself in words and phrases that he already knows. The suggestions are frequently linked with visual elements in each chapter, where a strong emphasis is placed on '*Realien*'.

There is no intended progression in the choice of topics or in the difficulty of the situations from chapter to chapter. The chapters can therefore be dealt with in any order — the order given is intended only as a suggestion by the author. However, chapters 14 and 15 are certainly more difficult and longer than the rest and should be dealt with only when the learner has gained confidence in role-playing.

The topics have been chosen both for their practical usefulness and for their relevance to the role-playing tests included in CSE and O level examinations. The book and cassette should be equally suitable for use at school or in further education.

1 Im Flugzeug

A DIALOGUE

Im Flugzeug nach Deutschland sitzen Sie neben einem Deutschen, der mit einer Frau an seiner rechten Seite spricht. Er fragt sie, wo sie wohnt, wohin sie fährt, wo sie arbeitet, und warum sie nach Deutschland fährt.

MANN Sind Sie aus England?
FRAU Nein, aus den USA.
MANN Ach, was? Aus welcher Stadt? New York?
FRAU Nein, nein, aus Jamestown.
MANN Und wo ist das?
FRAU An der Ostküste.
MANN Und arbeiten Sie dort?
FRAU Ja, ich bin Lehrerin — ich unterrichte kleine Kinder.
MANN Tja, ich bin Manager bei einer Firma für Küchengeräte.
FRAU Sehr interessant!
MANN Nein, gar nicht! Aber ich war gerade zwei Wochen in London für die Firma. Das war sehr anstrengend. — Und warum fliegen Sie nach Deutschland?
FRAU Ich mache gerade Urlaub in Europa — und Deutschland kann man nicht auslassen.
MANN Viel Spaß! Sie sprechen sehr gut Deutsch.

B ROLE-PLAYING DIALOGUE

Jetzt möchte der Deutsche mit Ihnen sprechen: Er fragt Sie auch, woher Sie kommen, wo Sie Deutsch gelernt haben, und ob Sie seine Stadt kennen.

MANN Und Sie — sprechen Sie auch Deutsch?
SIE   ....
MANN Sind Sie auch aus Amerika? Oder aus England?
SIE   ....
MANN Aus welcher Stadt?
SIE   ....
MANN Sie sprechen aber sehr gut Deutsch. Wo haben Sie die Sprache gelernt?
SIE   ....
MANN Sehr schön!
SIE   (ask him where he is from)
MANN Ich komme aus München. Wissen Sie wo das ist?
SIE   ....
MANN Eine sehr schöne Stadt.
SIE   (ask him if he speaks English)
MANN Ja, ein bißchen. Ich habe es in der Schule gelernt, aber das ist lange her! — Aha, jetzt landen wir. Da sieht man schon den Flughafen.

5

C WORDS AND PHRASES

Talking to someone about themselves

Wie heißen Sie!	*What's your name?*
Woher kommen Sie!	*Where are you from?*
Aus welcher Stadt kommen Sie?	*Which town are you from?*
Sind Sie | Amerikaner? Deutscher? Engländer?	*Are you | American? German? English?*
Sind Sie verheiratet?	*Are you married?*
Haben Sie Kinder?	*Have you got any children?*
Sprechen Sie | Deutsch? Englisch?	*Do you speak | German? English?*
Was sind Sie von Beruf?	*What's your job?*
Was für eine Arbeit haben Sie?	
Ich heiße . . .	*My name is . . .*
Mein Name ist . . .	
Ich bin | Engländer. Deutscher.	*I'm | English. German.*
Ich wohne in . . .	*I live in . . .*
. . . ist | in der Nähe von . . . in Südengland. in Nordengland.	*. . . is | near . . . in the south of England. in the north of England.*

Talking to someone about travelling

Waren Sie schon in . . .?	*Have you ever been to . . . (before)?*
Ist dies Ihr erster Besuch?	*Is this your first visit?*
Warum fahren/fliegen Sie nach . . .?	*Why are you travelling to . . .?*
Was wollen Sie in . . . machen?	*What do you want to do in . . .?*
Fliegen Sie gern?	*Do you like flying?*
Fliegen Sie zum ersten Mal?	*Is this your first flight?*
Dies ist mein erster Besuch in . . .	*This is my first visit to . . .*
Ich komme gerade von . . . zurück	*I'm just returning from . . .*
Ich fahre | jedes Jahr nach . . . oft jeden Sommer	*I go | every year to . . . often every summer*
Ich war noch nie in . . .	*I've never been to . . . (before)*
Ich habe | Freunde in . . . Bekannte Verwandte	*I've | friends in . . . acquaintances relatives*

D FURTHER SUGGESTIONS FOR ROLE-PLAYING

1 Imagine you find yourself sitting next to a young German (male or female) in the airport bus. You try out your German by beginning a conversation — similar to the one you had on the plane.

2 In Germany you will have chance to meet a lot of new people and you will want to find out as much about them as you can. Think what you could ask them (and tell them) about hobbies, family and everyday life. You might find some of the phrases in chapter 13 useful.

2 Ankunft in Deutschland

A DIALOGUE

Sie sind schon durch die Paßkontrolle gegangen, und jetzt kommt die Gepäckhalle und dann die Zollkontrolle. Sie warten auf Ihr Gepäck und hören folgendes:

BEAMTER So, mein Herr, kommen Sie bitte her!
MANN Meinen Sie mich?
BEAMTER Ja, bitte.
MANN Aber ich habe nichts zu verzollen.
BEAMTER Nur Routine! Haben Sie Tabak oder Alkohol mit?
MANN Nein, gar nichts zu verzollen. Ich rauche nicht, und ich habe nur eine Flasche Whisky.
BEAMTER Machen Sie bitte Ihren Koffer auf!
MANN Ja — komisch! Wo habe ich denn nur meinen Schlüssel? Wo kann er nur sein?
BEAMTER Lassen Sie sich nur Zeit! Sie finden ihn bestimmt wieder.
MANN Nein, also, das tut mir leid, aber ich habe den Schlüssel irgendwo verloren.
BEAMTER Das macht nichts. Wir haben viele Ersatzschlüssel für so einen Fall.
MANN Ach — tatsächlich?
BEAMTER Ja — so dieser Schlüssel paßt, sehen Sie!
MANN Tatsächlich.
BEAMTER Nanu! Was haben wir hier? Drei — vier — fünf Stangen Zigaretten! Und vier Liter Whisky. Und zwei Liter Cognac.

die Paßkontrolle	*passport control*
die Zollkontrolle	*customs*
die Gepäckabholhalle	*luggage retrieval*
der Ersatzschlüssel	*duplicate key*

B ROLE-PLAYING DIALOGUE

Sie haben Ihr Gepäck und hoffen, daß der zweite Beamte es nicht kontrollieren will. Er tut es aber doch! Sie sagen ihm, was Sie in Ihrem Gepäck haben.

BEAMTER So, kommen Sie bitte her! Haben Sie etwas zu verzollen?
SIE ....
BEAMTER Haben Sie Tabak oder Alkohol, Tee oder Kaffee?
SIE *(yes; tell him what you have)*
BEAMTER Und wieviel?
SIE ....
BEAMTER Machen Sie bitte Ihren Koffer auf — Ja, gut. Haben Sie Geschenke mit?
SIE ....
BEAMTER Alles in Ordnung. Danke.

7

C WORDS AND PHRASES

Haben Sie etwas zu verzollen?	*Anything to declare?*
Haben Sie Tabak oder Alkohol?	*Have you any tobacco or alcohol?*
Sie dürfen . . . Zigaretten einführen.	*You can import . . . cigarettes.*
Ist das Ihr Gepäck?	*Is that your luggage?*
Machen Sie bitte den Koffer auf.	*Please open your case.*
Haben Sie Geschenke?	*Have you got any presents?*
Zeigen Sie bitte Ihren Fotoapparat!	*Please show me your camera.*
In Ordnung.	*That's alright.*
Sie müssen Zoll bezahlen.	*You'll have to pay duty.*
Ich habe nichts zu verzollen.	*Nothing to declare.*
Das sind Geschenke.	*They are presents.*
Ich habe . . . Zigaretten.	*I've got . . . cigarettes.*
Muß ich . . . verzollen?	*Do I have to pay duty on . . .?*

D FURTHER SUGGESTIONS FOR ROLE-PLAYING

1 While you are waiting to collect your luggage on arrival in Germany the person standing next to you asks you (in German) what you are allowed to take through Customs. Take a good look at the list on p.9 and tell him — in a few words — exactly what is allowed.
Use phrases like:
   Man darf . . . Zigaretten einführen.
   Man darf . . . Tabak einführen.
   Sie dürfen . . . Wein einführen.

2 You have bought 150 gramms of perfume and 1 kilo of German coffee. You know that you are not allowed so much duty free. The '*Beamter*' asks you, '*Haben Sie etwas zu verzollen?*' What do you tell him?

1

Wenn Sie mindestens 17 Jahre alt sind,

an Tabakwaren
a) aus Ländern der Europäischen Gemeinschaften
   (Belgien, Dänemark, Frankreich, Großbritannien
   und Nordirland, Irland, Italien, Luxemburg, Niederlande)
   300 Zigaretten oder 150 Zigarillos oder
   75 Zigarren oder 400 Gramm Rauchtabak,
b) aus anderen Ländern
   200 Zigaretten oder 100 Zigarillos oder
   50 Zigarren oder 250 Gramm Rauchtabak;

2

Wenn Sie mindestens 17 Jahre alt sind,

an alkoholischen Getränken
a) aus Ländern der Europäischen Gemeinschaften
   1,5 Liter destillierte Getränke oder Spirituosen mit
   einem Alkoholgehalt von mehr als 22° oder
   3 Liter destillierte Getränke oder Spirituosen oder
   Aperitifs aus Wein oder Alkohol, mit einem
   Alkoholgehalt von 22° oder weniger, oder
   3 Liter Schaumwein oder Likörwein und
   4 Liter sonstiger Wein;
b) aus anderen Ländern
   1 Liter destillierte Getränke oder Spirituosen mit
   einem Alkoholgehalt von mehr als 22° oder
   2 Liter destillierte Getränke oder Spirituosen oder
   Aperitifs aus Wein oder Alkohol mit einem Alkoholgehalt von 22° oder weniger, oder
   2 Liter Schaumwein oder Likörwein und
   2 Liter sonstiger Wein;

3

Wenn Sie mindestens 15 Jahre alt sind,

an Kaffee
a) aus Ländern der Europäischen Gemeinschaften
   750 Gramm nicht gerösteter oder gerösteter Kaffee oder
   300 Gramm Kaffeeauszüge oder -essenzen,
b) aus anderen Ländern
   250 Gramm nicht gerösteter oder gerösteter Kaffee oder
   100 Gramm Kaffeeauszüge oder -essenzen;

4

Tee
a) aus Ländern der Europäischen Gemeinschaften
   150 Gramm Tee oder 60 Gramm Teeauszüge
   oder -essenzen,
b) aus anderen Ländern
   100 Gramm Tee oder 40 Gramm Teeauszüge
   oder -essenzen;

5

Parfüms und Toilettewasser
a) aus Ländern der Europäischen Gemeinschaften
   75 Gramm Parfüms und 0,375 Liter Toilettewasser,
b) aus anderen Ländern
   50 Gramm Parfüms und 0,25 Liter Toilettewasser;

6

Andere Waren
— ausgenommen Gold, Goldlegierungen und
-plattierungen —
a) aus Ländern der Europäischen Gemeinschaften
   bis zu einem Warenwert von insgesamt 460,— DM
   (diese Wertgrenze wird möglicherweise im Laufe des
   Jahres 1980 heraufgesetzt)
b) aus anderen Ländern
   bis zu einem Warenwert von insgesamt 100,— DM

Nicht abgabenfrei ist eine unteilbare Ware (z.B. ein
Schmuck- oder Kleidungsstück), deren Wert die angege-
benen Wertgrenzen (460,— bzw. 100,— DM) übersteigt.
Die Eingangsabgaben werden nicht nur vom überschie-
ßenden Wertanteil, sondern vom vollen Wert erhoben.
Der Wert einer unteilbaren Ware kann auch nicht auf
mehrere Personen umgelegt werden.

3 Im Hotel

🔲 A DIALOGUE

Es ist neun Uhr abends, und Sie möchten ein Hotelzimmer. Im Hotel spricht eine Dame schon mit dem Portier. Sie hat ein Einzelzimmer mit Bad reserviert. Sie möchte wissen, ob das Zimmer ruhig ist, und ob sie im Hotel noch Essen bekommt.

DAME Mein Name ist Schmidt. Ich habe ein Einzelzimmer mit Bad reserviert.
PORTIER Einen Moment, Frau Schmidt — Ja, Einzelzimmer mit Bad für drei Nächte. Zimmer 348 im dritten Stock.
DAME Ist der Preis mit Frühstück?
PORTIER Ja, Übernachtung mit Frühstück.
DAME Und ist das Zimmer ruhig? Ich kann so schlecht schlafen. Ich muß ein ruhiges Zimmer haben.
PORTIER Jawohl, das Zimmer ist sehr ruhig.
DAME Danke. Kann man hier noch essen, oder ist es zu spät?
PORTIER Sie können noch essen. Unser Restaurant hat warme Küche bis 22 Uhr.
DAME Und wo ist hier das Restaurant?
PORTIER Im fünften Stock. Da hat man einen sehr schönen Blick auf die Stadt.
DAME Vielen Dank. Gute Nacht.
PORTIER Gute Nacht, Frau Schmidt.

🔲 B ROLE-PLAYING DIALOGUE

Jetzt erklären Sie dem Portier, daß Sie ein Zimmer wollen.

PORTIER Guten Abend, kann ich Ihnen helfen?
SIE ....
PORTIER Einzel- oder Doppelzimmer?
SIE ....
PORTIER Mit oder ohne Bad?
SIE ....
PORTIER Und wie lange wollen Sie bleiben?
SIE ....
PORTIER Ja, ich kann Ihnen ein Zimmer im zweiten Stock geben oder ein Zimmer im vierten Stock. Die Preise sind gleich — also 30 Mark pro Person pro Nacht.
SIE (*you'll take the one on the second floor*)
PORTIER Gut. Bitte schreiben Sie Ihren Namen und Ihre Adresse hier hin, und unterschreiben Sie hier.
SIE (*ask if the price includes breakfast*)
PORTIER Ja, sicher, Hier sind Ihre Schlüssel. Ich hoffe Sie werden einen angenehmen Aufenthalt haben.

C WORDS AND PHRASES

Kann ich Ihnen helfen?	*Can I help you?*
Möchten Sie ein Zimmer?	*Would you like a room?*
Haben Sie ein Zimmer reserviert?	*Have you booked a room?*
Doppelzimmer oder Einzelzimmer?	*Single or double (room)?*
Mit Bad oder ohne?	*With or without bath?*
Für wie lang?	*For how long?*
Wieviele Nächte?	*For how many nights?*
Übernachtungen?	
Wir sind leider voll.	*Sorry, we're full.*
Das Zimmer hat Bad.	*The room's got a bath.*
Dusche.	*shower.*
Telefon.	*telephone.*
Möchten Sie das Zimmer sehen?	*Would you like to see the room?*
Das Zimmer kostet . . . pro Nacht	*The room costs . . . per night*
mit Frühstück.	*with breakfast.*
Frühstück ist nicht im Preis drin.	*Breakfast is not included in the price.*
Möchten Sie Halbpension?	*Would you like b/b and evening meal?*
Vollpension?	*full board?*
Ich habe . . . reserviert für . . . Nächte.	*I've booked . . . for . . . nights.*
Ich möchte . . . für . . . Nächte.	*I'd like . . . for . . . nights.*
Ist der Preis mit Frühstück?	*Does the price include breakfast?*
Wann macht das Restaurant auf?	*When does the Restaurant open?*
die Bar zu?	*Bar close?*
Ich möchte Frühstück	*I'd like breakfast*
um . . . Uhr auf dem Zimmer.	*in my room at . . . o'clock.*
Können Sie mich um . . . Uhr wecken?	*Could you wake me at . . . o'clock?*

D FURTHER SUGGESTIONS FOR ROLE-PLAYING

1 German friends of yours want to stay one night in a hotel or guest house (*eine Pension*) in your town. Gather some information for them about prices in different hotels, whether the rooms have a bath or shower and so on. What would you tell them on the telephone or when they come to visit you? (Use the list of Hamburg Hotels on p. 12).

2 Look at the list of Hamburg hotels. Imagine you have to ring one of them on this list and ask them if the given prices are still up to date, whether they have a room for you and any other questions you might think important.

Die erste Angabe hinter der Einwohnerzahl bezeichnet die Lage des Ortes im Kartenteil dieses Atlasses (vergleiche die erste Seite des Ortsregisters auf gelbem Papier). Dann folgt mit dem Symbol ⊠ die Postleitzahl und schließlich mit dem Symbol ☎ die Vorwahlnummer für den Selbstwählerfernverkehr. Zur Kennzeichnung der Komfortgruppe wurden die untenstehenden Signaturen geschaffen. Die Reihenfolge des Hotels innerhalb der Komfortgruppen stellt keine Rangeinteilung dar.
Alle Preise schließen auch Frühstück, Bedienung und Mehrwertsteuer ein.
Die Preisangaben erfolgen wegen der steigenden Preisentwicklung ohne Gewähr.

Haus mit kleinem Komfort
Establishment of reasonable comfort
Etablissement au confort modeste

G = Garage
Garage
Garage

Hotel mit mittlerem Komfort
Hotel of average comfort
Hôtel de bon confort

H = Hallenbad
Indoor swimming pool
Piscine couverte

Hotel ersten Ranges
First class hotel
Hôtel de première classe

R = Restaurant
Restaurant
Restaurant

Hotel mit besonderem Luxus
De-luxe-hotel
Hôtel de grand luxe

S = Schwimmbad
Swimming pool
Piscine

DC = Empfohlen von Diners Club
Recommended by Diners Club
Recommendé de Diners Club

Erschöpfende Auskunft über Hotels und Gaststätten in der Bundesrepublik gibt der VARTA-FÜHRER

Hamburg 6 m, 1,7 Mill. Einw. – 14 ■ 2 – ⊠ 2000 – ☎ 040
Freie und Hansestadt, größter Seehafen Deutschlands und größte Industriestadt der Bundesrepublik; Universität. Sehenswertes: Hafenanlagen (sehr interessante Rundfahrt ab St. Pauli-Landungsbrücken), Elbtunnel, Binnenalster (Jungfernstieg, Ballindamm), Außenalster, Hagenbecks Tierpark, St. Michaeliskirche (»Michel«), Rathaus, Bismarck-Denkmal, Reeperbahn, Kunsthalle, Museen. In der Umgebung: Elbchaussee, Sachsenwald mit Schloß Friedrichsruh (Bismarck-Mausoleum), Lüneburger Heide.

	Hotel	Einzelz. DM	Doppelz. DM	
Atlantic Hotel Kempinski, **DC**, An der Alster 72	248001	220 · 142/152	100 · 214	GRH
Hotel Vier Jahreszeiten, **DC**, Neuer Jungfernstieg 9	34941	120 · 146/209	80 · 197/292	GR
Canadian Pacific Hamburg-Plaza, **DC**, Marseiller Str. 2	351035	· 153	· 196	GRH
Hotel Inter-Continental, **DC**, Fontenay 10	441081	600 Betten · 120/175	· 170/225	GRH
Hotel Reichshof, **DC**, Kirchenallee 34	248191	178 · 94/100	151 · 130/150	GR
Hotel Europäischer Hof, **DC**, Kirchenallee 45	248171	188 · 92/102	112 · 125/140	GR
Hamburg Euro Crest Hotel, **DC**, Mexikoring	6305051	· 98/102	· 130	GR
Hotel Berlin, **DC**, Borgfelder Str. 1	257211	71 · 77/107	25 · 154/164	GR
Baseler Hospiz, Esplanade 11	341921	110 · 40/60	50 · 64/94	R
Parkhochhaus, **DC**, Drehbahn 15	341656	10 · 82/103	100 · 108/134	GR
Hotel Graf Moltke, **DC**, Steindamm 1	242832	51 · 48/63	49 · 76/101	R
Hotel Alsterhof, **DC**, garni, Esplanade 12	341781	52 · 48/74	25 · 76/110	
Hotel Prem, **DC**, An der Alster 9	242211	23 · 70/116	26 · 109/149	R
Hotel Smolka, **DC**, Isestr. 98	475057	18 · 60/118	22 · 116/150	GR
Parkhotel Bayer, garni, Blumenstr. 19	4604006	12 · 31/56	15 · 52/72	
Appartement-Hotel Panorama, **DC**	731736	· 65/85	· 95/120	
Hotel Alster-Sierich, **DC**, Sierichstr. 14	278617	25 · 39/130	45 · 69/160	G
Eden-Hotel, **DC**, garni, Ellmenreichstr. 20	241521	31 ·	67 ·	
St. Raphael-Hospiz, Adenauer-Allee 41	241191	70 · 40/62	46 · 66/90	R
Hotel Dänischer Hof, **DC**, garni, Holzdamm 4	245556	32 · 48/70	18 · 95/110	

Hamburg-Altona

Hotel Am Bahnhof, **DC**, Präsident-Krahn-Str. 13	381239	25 · 35/52	35 · 54/74	G

Hamburg-Eppendorf

Motel Hamburg, garni, Hoheluft-Chaussee 119	473067	10 · 54/74	31 · 88/103	G
Hotel Colón, Hoheluft-Chaussee 105	476041	3 · 47/72	9 · 74/99	GR

Hamburg-Hamm

Motel Hamburg International, garni, Hammer Landstr. 200	212016	10 · 55/63	36 · 82/84	G

Hamburg-Harburg

Hotel Waldschlößchen, Heimfelder Str. 118	7905125	35 · 25/65	27 · 50/80	GR
Hotel Haus Lindtner, Heimfelder Str. 123	7908081	6 · 42/60	15 · 78/98	GR

4 Auf dem Campingplatz

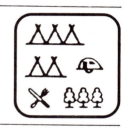

A DIALOGUE

Ein junger Mann und eine junge Frau sprechen mit dem Platzleiter. Sie möchten einen Platz für ihre zwei Zelte. Sie finden es gar nicht teuer. Alle hoffen, daß das Wetter schön bleibt.

JUNGER MANN	Haben Sie noch Platz für zwei Zelte?
LEITER	Ja. Unten rechts findet ihr sicher noch Platz. Wie lange wollt ihr bleiben?
JUNGE FRAU	Fünf Tage, wenn das Wetter so schön bleibt. Haben Sie die Wettervorhersage gehört?
LEITER	Nein, aber die letzten Tage waren sehr schön.
JUNGE FRAU	Gestern waren wir auf einem sehr nassen Platz.
JUNGER MANN	Was kostet eine Nacht hier?
LEITER	Es kostet 1 Mark 50 pro Person, 1 Mark 50 pro Zelt. Habt ihr Fahrräder?
JUNGE FRAU	Ja.
LEITER	Sie sind kostenlos. Autos kosten 1 Mark.
JUNGER MANN	Wir sind vier Personen — und wir wollen zuerst für drei Nächte bezahlen — dann sehen wir weiter.
LEITER	Ja, gut. Das macht 27 Mark. Bitte diese Karten ausfüllen!
JUNGE FRAU	Noch eine Frage: Kann man hier Lebensmittel kaufen?
LEITER	Auf dem Platz nicht, aber 100 Meter weiter ist ein Supermarkt.
JUNGE FRAU	Danke.

B ROLE-PLAYING DIALOGUE

Und jetzt wollen Sie einen Platz für Ihr Zelt und zwei Personen. Sie möchten zwei Tage bleiben. Bitte fangen Sie an.

SIE	....
LEITER	Ja, Sie können Ihr Zelt unter den Bäumen aufschlagen — da ist viel Schatten. Wie lange wollen Sie bleiben?
SIE	*(2 days)*
LEITER	Sind Sie ECC-Mitglied? *(ECC = Europa-Camping-Caravaning.)*
SIE	*(no)*
LEITER	Unsere Preise sind 1 Mark 50 pro Person und 1 Mark 50 für das Zelt. Das macht neun Mark für zwei Nächte.
SIE	*(ask him where you can wash)*
LEITER	Die Duschen sind da hinten links
SIE	*(buy food?)*
LEITER	Etwa 100 Meter weiter ist ein Supermarkt.
SIE	*(when open?)*
LEITER	Sie haben bis 18 Uhr auf.

C WORDS AND PHRASES

die Vorhersage	*weather report*
der Platzleiter	*site manager*
ein Zelt aufschlagen	*to pitch a tent*
der Wohnwagen	*caravan*
Der Platz kostet . . . pro Nacht und . . . pro Person.	*The site costs . . . per night and . . . per person.*
Sie dürfen kein offenes Feuer machen.	*You aren't allowed to make open fires.*
Hunde sind hier nicht erlaubt.	*No dogs allowed here.*

Das Auto	müssen Sie hier stehen lassen.	*You can leave your car*	*here*
	können Sie neben dem Zelt lassen.	*next to your tent*	
	können Sie unter den Bäumen lassen.	*under the trees.*	

Da drüben ist etwas Schatten.	*There's some shade over there.*
Die Duschen und WCs sind da drüben.	*The showers and WCs are over there.*
Von mir können Sie Milch kaufen.	*You can buy milk from me.*
Wo kann man hier einkaufen?	*Where can we shop here?*

Wo ist	der nächste . . .?	*Where is the nearest . . .?*
	die	
	das	

Gibt es	ein Schwimmbad hier?	*Is there a*	*swimming pool?*
	ein Geschäft		*shop?*
	eine Disko		*disco?*

Wie weit ist es	zum Dorf?	*How far is it to the*	*village?*
	zur Stadt?		*town?*
	zum Fluß?		*river?*
	zum See?		*lake?*
	zum Meer?		*sea?*

D FURTHER SUGGESTIONS FOR ROLE-PLAYING

1 Look at the list of camping sites and the key to the symbols. Ask each other what there are on the sites.
You could ask questions like:

Was kostet eine Nacht pro Person in Rosenheim?	*(1,50)*
Wo gibt es Tennisplätze?	*(In Rosenheim)*
Sind Hunde erlaubt in Aurach?	*(Ja)*
Ist Spitzingsee am Wasser?	*(Ja)*

Use the dialogues in sections A and B as a guide.

2 Now choose one of the sites and imagine you have to ring the site manager. Ask him similar questions and then book for how many nights you want.

Zeichenerklärung (ECC = Europa-Camping-Caravaning)

Symbol	Bedeutung		Symbol	Bedeutung
▲	ECC-Ermäßigung		T/N	Zelt/Nacht
⌧	Ferienplatz		KT/N	Kurtaxe/Person
~	am Wasser		⛲	Trinkwasser
⋀	in den Bergen		⛲	Waschgelegenheit
E	Etappenplatz		⛾	Dusche
D	Dauercampe		⛾	warme Dusche
❄	Winter-sport		🚽	WC
▲▲▲	jeglicher Komfort		🚽	Trockenklosett
▲▲	viel Komfort		L	Beleuchtung
▲	Komfort		⛺	Kochgelegenheit
⌂	ruhig		GAS	Flaschengas
☆	schön gelegen		⚱	offenes Feuer erlaubt
m	Meereshöhe		🛒	Lebensmittel-einkauf
m²	Fläche		✕	Restaurant
/m²	reine Campfläche		⌂	Fester Aufent-haltsraum
1.I.-31.XII.	geöffnet		⟊	Kinderspielplatz
⚷ ☐	bewacht/eingezäunt		⚥	Kindergarten
AUT	sich melden bei		⚓	Strand
⋛	Wiese		⚓	eigener Strand
⚬	Sand		⚲	Schwimmbad
⚬	steinig		⚲	eigenes Schwimmbad
=	ohne Schatten		⚲	Hallenbad
⚬⚬⚬	viel Schatten		⚓	Kanu und Boot
⚬⚬	Schatten		⚓	Segeln
⚬	wenig Schatten		⚓	Motorboot
⚮	Hunde verboten		⚓	Wasserski
⚮	für Wohnwägen befahrbar		S	Schule
⚮	Spezial-einrichtungen für Wohnanhänger		⚓	Hafen
⚡	Steckdose		Ψ	U-Wasserjagd
V	Volt		A	Angeln
⛏/N	Bett/Preis pro Nacht		⟋	Minigolf
TAX	Gebühr		⚱	Kegeln
P/N	Person/Nacht		⚬	Tennis
A/N	Auto/Nacht		⚲	Reiten
U/N	A+C/N - A+T/N			
M/N	Motorrad/Nacht			
C/N	Wohnanhänger/Nacht			

3475 SPITZINGSEE-Schliersee (8161)/Bayern

▲ Spitzingsee
⌧ 1100 m 4000/2000 m² (40) - 1. VI.—15. IX.
~ ⚷ ☐ AUT: Camp, Tel. 0 80 26/78 52
⋛ ⚬ ⚬⚬ ⚮ 8 ⚡ 220V
⌂ Am Spitzingsee O der Straße nach Neuhaus -
Au bord du lac Spitzing à l'E de la route de
☆ Neuhaus - At the Spitzing lake E of the road to Neuhaus
TAX: P/N 0.90 DM (ECC 10%), A/N 1.—
M/N 0.50, KT/N 0.30—0.50
2⛺ 3⛾ 1⚱ 14⚱ 4⚱ 11 ⚡ 220V GAS ⚱
⚱ 300 m ✕ 100 m ⚲ 200 m ⚓ 150 m
⚱ 100 m A /100 m

3477 AURACH (8161)/Bayern

⌧ Glockenalm
⋀ 800 m 15 000/12 000 m² (40 U/100 m²) -
1. I.—31. XII.
⚱ ⚷ ☐ AUT: Camp, Tel. 0 80 28/553
⌂ ⋛ ⚮ ⚮ 20 ⚡ 220V
☆ An der Straße nach Fischbachau - Sur la route
de F. - At the road to F.
TAX: P/N 2.— DM, U/N 4.—/5.—
20⛺ 10⚱ 3⚱ 2⚱ 10⚱ 25 ⚡ 220V L GAS ⚱
✕ 500 m ⌂ ⚲ 4 km 28°

3491 ROSENHEIM (82)/Bayern

▲ Camping Mangfallspitz
⌧ 450 m 4500 m² (100) - 1. I.—31. XII.
~ ⚷ ☐ AUT: Camp, Tel. 0 80 31/23 61
E ⋛ ⚮ ⚮ 20 ⚡ 220V
❄ Bei den Klepperwerken am Mangfall - Près des
▲▲ Ets. Klepper, au bord du Mangfall - Near the
Klepper factory at the Mangfall bank
TAX: P/N 1.50 DM (ECC 10%), A/N 1.—,
C/N 2.—, T/N 1.50, ⚡/N 1.—
8⛺ 8⚱ 4⚱ 4⚱ 22 ⚡ 220V L GAS ⚱
✕ 500 m ⌂ ⟊ ⚲ ⚲ 1 km ⚓ A ⋛ 2 km
⚲ 1,5 km

3492 PFRAUNDORF (8831)/Bayern

⌧ Camping Kratzmühle
~ 345 m 70 000/15 000 m² (180, U/100 m²) -
⋀ 1. I.—31. XII.
D ⚷ ☐ AUT: Camp, Tel. 0 84 61/525
▲▲▲ ⋛ ⚬ ⚮ ⚮ ⚮ 160 ⚡ 220V 14⛏/N 8.— DM
⚱ 5 km südlich Rosenheim im AB-Dreieck - 5 km
☆ S de R., dans le triangle de l'autoroute - 5 km
S-of R., in the highway-cross
TAX: P/N 2.50 DM, U/N 3.75
30⛺ 30⚱ 8⚱ 8⚱ 15⚱ 172 ⚡ 220V L 12⚱ GAS
⚱ ⚱ ✕ ⌂ ⟊ ⚲ 5 km ⚓ ⚓ A

15

5 Im Restaurant oder Gasthaus

📼 A DIALOGUE

Zwei junge Leute aus Norddeutschland gehen in ein süddeutsches Lokal. Sie haben Hunger, aber sie wissen nicht, was Maultaschen oder Spätzle sind. So etwas hat man ja nicht in Norddeutschland! Der Kellner erklärt alles:

MANN	Was möchtest du?
FRAU	Ich weiß nicht. Sie haben eine sehr gute Auswahl.
MANN	Maultaschensuppe! Was ist denn das?
FRAU	Keine Ahnung! Bestimmt etwas Schwäbisches.
MANN	Da müssen wir den Ober fragen.
KELLNER	Bitte sehr. Haben Sie schon gewählt:
MANN	Was ist denn das — Maultaschensuppe?
KELLNER	Maultaschen!? Ja, das ist mit Teig, nicht wahr. Hackfleisch in Teig — gekocht in einer Brühe.
MANN	Dann nehme ich Maultaschensuppe, Wiener Schnitzel und ein Bier.
KELLNER	Großes oder kleines Bier?
MANN	Kleines.
KELLNER	Jawohl — und für Sie?
FRAU	Ich nehme Menü eins und einen Apfelsaft.
KELLNER	Bitte sehr.
MANN	Sauerbraten mit Spätzle. Magst du Spätzle?
FRAU	Woher soll ich das wissen? Wieder etwas Schwäbisches!

📼 B ROLE-PLAYING DIALOGUE

Sie wollen Menü I bestellen, aber Sie wissen nicht genau was das alles ist! Wir müssen den Kellner fragen!

KELLNER	So, bitte sehr?
SIE	(*Flädle?*)
KELLNER	Ja, Flädle — hm — das ist Teig — wie Pfannkuchen — in Streifen geschnitten.
SIE	(*Sauerbraten and Spätzle?*)
KELLNER	Sauerbraten ist Rindfleisch, und Spätzle sind Mehl und ein — ein bißchen wie Spaghetti — aber anders — und dann in Wasser gekocht.
SIE	(*you'll take it*)
KELLNER	Gut. Einmal Menü I. Und zu trinken?
SIE	....
KELLNER	Ja.

16

C WORDS AND PHRASES

Some general food terms

das Lokal	
das Gasthaus	
die Auswahl	*choice*
die Speisekarte	*menu*
das Menü	*set meal*
der Nachtisch	*sweet*
die Vorspeise	*'starter'*
die Brühe	*broth*
geschmort	*stewed*
gekocht	*boiled/cooked*
mariniert	*pickled/marinated*
gebacken	*baked*
gebraten	*roasted*
gehackt	*minced*
getrocknet	*dried*
gerieben	*grated*
geräuchert	*smoked*
geschnetzelt	*chopped in strips*
paniert	*coated with egg and breadcrumbs*
(grüner) Salat	*lettuce (salad)*
gemischter Salat	*(mixed) salad*
Salzkartoffeln	*boiled potatoes*
Bratkartoffeln	*fried potatoes*
Kartoffelpüree	*mashed potatoes*
pommes frites	*chips*

Conversing with the waiter

Die Speisekarte, bitte!	*The menu, please.*
Wir möchten essen, bitte.	
Bitte sehr — was darf es sein?	*What can I get you?*
Haben Sie schon gewählt?	*Have you already decided?*
Möchten Sie jetzt bestellen?	*Would you like to order now?*
Ich kann . . . empfehlen.	*I can recommend the . . .*
Möchten Sie etwas trinken?	*What would you like to drink?*
Haben Sie sonst noch einen Wunsch?	*Anything else?*
Hat's geschmeckt?	*Did you enjoy your meal?*
Die Rechnung, ⎱ bitte.	*The bill please.*
Zahlen, ⎰	
Bezahlen,	
Getrennt oder zusammen?	*(When you pay, this is how you are asked if you want to pay just for yourself or for everyone.)*
Das stimmt so.	*(It is usual for the customer to round the bill up to the nearest Mark — this phrase means something like 'Keep the change'.)*

D   FURTHER SUGGESTIONS FOR ROLE-PLAYING

1 Order one of the meals from the menu. The 'Kellner' then brings you the wrong
   meal. Explain this to him and tell him again what you ordered.
   (You've brought me the wrong meal = *Sie haben mir das falsche Essen gebracht.*)

2 You go to a German 'Gasthaus' or 'Restaurant' with a friend from North Germany.
   Of course, they do not know what some of the items on the menu are at all! You
   have been to this 'Gasthaus' before, and so you are able to explain. Use only
   words and phrases that you know already. If you aren't quite sure of anything,
   you can look at sections A, B and C to help you.

3 Imagine you have ordered your meal, but it still has not come after twenty
   minutes — and you are in a hurry. Call the waiter over and explain, reminding
   him of what you ordered.
   (I'm in a hurry = *Ich habe es eilig.*)

GASTHOF ZUM LAMM · WELZHEIM

DM 1,50	Kraftbrühe mit Flädle
DM 3,00	Schwäbische Maultaschensuppe
DM 3,00	Saure Kutteln in der Terrine

Menü I
DM 10,50 Kraftbrühe mit Flädle
Schwäbischer Sauerbraten mit Spätzle und Salatteller
Ananas mit Sahne

Menü II
DM 11,00 Kartoffelsuppe
Geschnetzelte Rindernieren mit Röstkartoffeln
Heiße Sauerkirschen auf Eis

DM 8,00	Geräuchertes Forellenfilet mit Sahnemeerrettich, Butter und Bauernbrot
DM 7,00	Bauernbratwürste mit Linsen und Spätzle
DM 9,20	Schweinebraten nach Jäger Art mit Spätzle und Salatteller
DM 10,80	Wiener Schnitzel mit großer Salatplatte
DM 10,20	Schweinekotelette natur mit Kohlrabigemüse und Kartoffeln
DM 17,00	Filetsteak mit Sardellenbutter, pommes frites und grünen Bohnen
DM 13,00	Rumpsteak mit Meerrettich, pommes frites und Salat

DM 6,00	Warmer Fleischkäse mit Zwiebeln, Spiegelei und Salat
DM 4,80	Bauernbratwürste mit gemischtem Salat
DM 4,80	Saitenwürstle mit gemischtem Salat
DM 4,00	Schweizer Wurst- und Käsesalat mit Zwiebeln

DM 2,80	Gemischtes Eis mit Sahne
DM 4,00	Eisbecher mit frischen Himbeeren
DM 3,00	Eiskaffee mit Sahne

6 Auf der Post

A DIALOGUE

Sie warten am Schalter bei der Post. Vor Ihnen steht eine alte Dame. Sie möchte einen Brief nach Berlin und einen Brief nach England schicken. Außerdem braucht sie noch Briefmarken. Sie ist nicht ganz sicher, was alles kostet.

DAME Ich möchte diesen Brief nach Berlin schicken. Können Sie mir sagen, was er kostet?
BEAMTER Ja, er wiegt 70 Gramm — also das macht 1 Mark 40, bitte.
DAME Und was kostet dieser Brief nach England? — Mit Luftpost bitte.
BEAMTER 90 Pfennig — er geht automatisch mit Luftpost nach England.
DAME Gut. Jetzt möchte ich zehn Briefmarken zu 60 Pfennig, zehn zu 50 Pfennig und fünf zu 90 Pfennig.
BEAMTER Das macht 1 Mark 40 für den Brief nach Berlin, 90 Pfennig für den Brief nach England und 15 Mark 50 für die Briefmarken: zusammen 17 Mark 80.
DAME Danke schön. Und bitte noch eine Frage — was ist die Postleitzahl für Schwäbisch Gmünd?
BEAMTER 7070.
DAME Danke schön.
BEAMTER Bitte sehr.

B ROLE-PLAYING DIALOGUE

Sie wollen einen Brief, ein Telegramm und fünf Postkarten nach England schicken. Außerdem wollen Sie Sondermarken kaufen und die Vorwahl für England wissen.

BEAMTER Ja, bitte?
SIE (*Brief*)
BEAMTER Ein Standardbrief kostet 90 Pfennig.
SIE (*Postkarten*)
BEAMTER Pro Postkarte 60 Pfennig — also 3 Mark.
SIE (*Telegramm*)
BEAMTER Haben Sie ein Formular ausgefüllt? — Ja, gut. Zwanzig Wörter — das macht 12 Mark.
SIE (*Sondermarken*)
BEAMTER Ja, wir haben welche mit Blumen oder mit Städten oder mit Vögeln.
SIE (*whichever you want — 4 at 50 Pfennig*)
BEAMTER So. Sonst noch etwas?
SIE (*Vorwahl für England*)
BEAMTER 0044. Sonst noch etwas?
SIE (*no*)
BEAMTER Das macht zusammen 17 Mark 90, bitte.

C WORDS AND PHRASES

Posting letters etc

der Luftpostbrief	*air mail letter*
der Luftpostankleber	*air mail label*
das Formular	*form*
als Päckchen	*by parcel post*
mit Luftpost	*by air mail*
Drucksachen	*printed papers*
per Einschreiben	*registered*
die Postanweisung	*postal order*
die Postleitzahl	*postal code*
die Sondermarken	*special, commemorative stamps*
Ich brauche . . . Briefmarken zu . . .	*I'd like . . . stamps for . . .*
Ich möchte diesen Brief nach . . . schicken.	*I'd like to send this letter to . . .*
Können Sie mir das Päckchen wiegen, bitte?	*Would you weigh this parcel for me, please?*
Wie lang braucht der Brief?	*How long will the letter take (to get there)?*
Ein Standardbrief bis 50g kostet . . .	*A standard letter up to 50g costs . . .*
Es braucht ungefähr . . . Tage.	*It takes about . . . days.*
Die Postleitzahl für Welzheim ist 7063.	*(Each town has its own 4-figure number. The postcode for Welzheim is 7063:)*

Telephoning

das Telefonbuch	*telephone directory*
das Verzeichnis der Vorwahl	*code book*
die Vorwahl	*STD-code*
Wo kann ich hier telefonieren?	*Where can I telephone?*
Ich möchte . . . anrufen.	*I want to call . . .*
Kann ich direkt wählen?	*Can I dial direct?*
Haben Sie bitte Münzen für das Telefon?	*Have you got any coins for the telephone, please?*
Was ist die Vorwahl für . . .?	*What's the STD-code for . . .?*
Die Vorwahl für Sheffield, England, ist 0044742.	*(The code for England is 0044; then take off the 0 at the beginning of the English town code.)*

D FURTHER SUGGESTIONS FOR ROLE-PLAYING

1 You want to send the following things through the post to England and have to ask how you should send each item and how much it will cost:
a book/a cassette/a poster
The table of prices given on p. 22 will give you some idea of prices and weights allowed.

2 You want to send a telegram. You have to go to the post office and ask for a form. (You can copy the one shown on p. 23.) Think of a message to send (e.g. birthday wishes to someone, saying you are ill and cannot visit, saying you will be coming to visit at the weekend) and ask the clerk to help you make the message as short as possible. Then fill in the form.

3 Verkehr mit dem Ausland

Für Postsendungen nach den österreichischen Zollausschlußgebieten Kleinwalsertal (Vorarlberg) mit den Orten 8985 Hirschegg, 8986 Mittelberg und 8984 Riezlern sowie 8965 Jungholz (Tirol) finden die für den Verkehr innerhalb des Bereichs der Deutschen Bundespost geltenden Gebühren Anwendung.

3.1 Briefsendungen

DM

3.1.1 Brief

				DM
Standardbrief *)				**0,90**
Brief	bis	50 g		**1,50**
über	50 „	100 g		**1,90**
„	100 „	250 g		**3,50**
„	250 „	500 g		**6,60**
„	500 „	1 000 g		**10,80**
„	1 000 „	2 000 g		**17,40**

Ermäßigte Gebühr für S t a n d a r d b r i e f

nach Andorra, Belgien, Dänemark (einschl. Färöer und Grönland), Frankreich (einschl. überseeische Départements Guadeloupe, Guayana, Martinique, Réunion, St. Pierre und Miquelon), Italien, Liechtenstein, Luxemburg, Monaco, Niederlande, San Marino, Schweiz, Vatikanstadt **0,60**

nach Großbritannien (einschl. Nordirland, Kanalinseln und Insel Man) und Irland **0,80**

Brief bis 20 g

ohne Einhaltung der Standardmaße *) nach vorstehenden Ländern **1,00**

Ermäßigte Gebühr für Brief bis 50 g

nach Andorra, Frankreich (einschl. überseeische Départements Guadeloupe, Guayana, Martinique, Réunion, St. Pierre und Miquelon), Luxemburg, Monaco **1,00**

Höchstgewicht 2 kg

Höchst- und Mindestmaße
r e c h t e c k i g e F o r m

Höchstmaße	Länge, Breite und Höhe zusammen 90 cm, Länge jedoch nicht mehr als 60 cm
Mindestmaße	Länge 14 cm, Breite 9 cm

R o l l e n f o r m

Höchstmaße	Länge und der zweifache Durchmesser zusammen 104 cm, Länge jedoch nicht über 90 cm
Mindestmaße	Länge und zweifacher Durchmesser zusammen 17 cm, in der größten Ausdehnung jedoch mindestens 10 cm

DM

3.1.2 Postkarte **0,60**

ermäßigte Gebühr

nach Andorra, Belgien, Dänemark (einschl. Färöer und Grönland), Frankreich (einschl. überseeische Départements Guadeloupe, Guayana, Martinique, Réunion, St. Pierre und Miquelon), Liechtenstein, Luxemburg, Monaco, Niederlande, San Marino, Schweiz, Vatikanstadt **0,50**

Höchst- und Mindestmaße
Länge zwischen 14 und 14,8 cm, Breite zwischen 9 und 10,5 cm

3.1.3 Drucksache

freizumachen

				DM
Standarddrucksache *)				0,50
Drucksache	bis	50 g		0,70
über	50 „	100 g		0,90
„	100 „	250 g		1,10
„	250 „	500 g		1,60
„	500 „	1 000 g		2,70
„	1 000 „	2 000 g		4,40
jede weiteren		1 000 g		2,20

Höchstgewicht 2 kg, Bücher — einschließlich Broschüren — 5 kg
Über hand- und maschinenschriftliche Angaben Auskunft am Schalter

Höchst- und Mindestmaße Kartenform wie Postkarte; Briefform wie Brief

Telegramm Deutsche Bundespost Verzögerungsvermerke

Datum	Uhrzeit	Empfangen von	Leitvermerk	Datum	Uhrzeit
	Empfangen				Gesendet
Platz	Namenszeichen			Platz	Namenszeichen

Bezeichnung der Aufgabe-TSt	Aufgabe-Nr.	Wortzahl	Aufgabetag	Uhrzeit	Via/Leitweg

aus

Die stark umrahmten Teile sind vom Absender auszufüllen. Bitte Rückseite beachten.

Gebührenpflichtige Dienstvermerke

==   ==

Name des Empfängers, Straße, Hausnummer usw.

Bestimmungsort – Bestimmungs-TSt

A5, Kl. 78 m

11.78 / 6 5 4 3

Wortgebühren .... DM .... Pf .... Wörter geändert ....

Sonstige Gebühren .... DM .... Pf .... Wörter gestrichen ....

Zusammen .... DM .... Pf .... Wörter hinzugesetzt ....

Angenommen .... Auf ungenügende Anschrift/ Dienstzeit hingewiesen ....

Absender (Name und Anschrift, ggf. Ortsnetzkennzahl und Fernsprechrufnummer, diese Angaben werden nicht mittelegrafiert)

937 200 000
TO Anl. 1

7 Beim Telefonieren

A DIALOGUE

Sie wollen einen Bekannten anrufen, aber ein Mädchen ist schon in der Telefonzelle. Sie hören nur was das Mädchen sagt. Können Sie sich vorstellen, was ihre Freundin sagt?

MÄDCHEN Ja, bist du es, Marianne?
FREUNDIN ....
MÄDCHEN Ich wollte nur fragen, ob du heute abend etwas vor hast.
FREUNDIN ....
MÄDCHEN Das ist schade. Vielleicht morgen — wir könnten doch ins Kino gehen.
FREUNDIN ....
MÄDCHEN Was? Eine Party?
FREUNDIN ....
MÄDCHEN Aber ja, natürlich komme ich. Sehr gern. Um wieviel Uhr?
FREUNDIN ....
MÄDCHEN Um acht. Prima. Also bis dann.
FREUNDIN ....
MÄDCHEN Wiederhören.

Wie telefoniert man in England?

☆ Hörer abnehmen.
☆ Auf den Wählton warten (ein langer Ton).
☆ Die Nummer wählen.
☆ Auf den Ton warten, der zeigt, daß man bezahlen muß (kurze Signaltöne).
☆ Geld einwerfen.
☆ Wenn der kurze Signalton kommt, wieder bezahlen.

Und in Deutschland?

☆ Hörer abnehmen.
☆ Auf den Wählton warten.
☆ Geld einwerfen (10 Pfennig, 50 Pfennig oder 1 DM).
☆ Nummer wählen.
☆ ENDE oder BITTE ZAHLEN leuchtet auf, wenn das Geld fast zu Ende ist.
(see illustrations on next page)

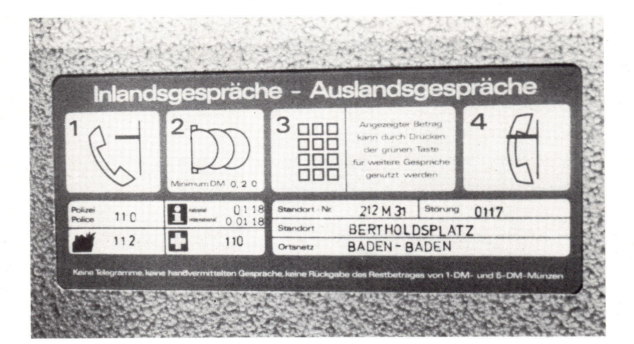

▢ B ROLE-PLAYING DIALOGUE

Jetzt rufen Sie Ihren Freund Franz Schnabel an. Er wohnt Schiller-Straße 5. Sie wählen 36214 — die Nummer, die er Ihnen gegeben hat, aber sie ist falsch.

STIMME Schmidt.

SIE Ich möchte bitte mit Franz sprechen.

STIMME Hier ist kein Franz! Vielleicht haben Sie sich verwählt. Welche Nummer haben Sie gewählt?

SIE ....

STIMME Ja, wir haben 36214, aber hier ist kein Franz. Wie heißt er mit Familienname?

SIE ....

STIMME Tja, am besten rufen Sie jetzt bei der Auskunft an.

SIE (*say you're sorry*)

STIMME Bitte, auf Wiederhören.

(*Jetzt müssen Sie die Auskunft anrufen und nach der richtigen Nummer fragen.*)

STIMME Auskunft.

SIE (*say which name you want — i.e. Franz Schnabel*)

STIMME Und die Adresse?

SIE ....

STIMME Moment, bitte. — Ja, die Nummer ist 33423.

SIE (*ask her to speak slower*)

STIMME Drei — drei — vier — zwei — drei.

SIE (*repeat the number and thank her*)

STIMME Bitte, auf Wiederhören.

(*Endlich klappt es! Aber Franz ist nicht zu Hause!*)

STIMME Schnabel.

SIE (*say you want to speak to Franz*)

STIMME Franz ist im Moment nicht zu Hause. Wer spricht da, bitte?

SIE ....

STIMME Ja, er hat gesagt, Sie rufen bestimmt an. Darf ich etwas ausrichten? Oder möchten Sie später anrufen?

SIE (*you'll ring later*)

STIMME Gut. Vielleicht in zwei Stunden?

SIE (*that's fine*)

STIMME Ja, ich werde es ihm ausrichten. Wiederhören.

C WORDS AND PHRASES

der Hörer — *receiver*
die Wählscheibe — *dial*
wählen — *to dial*
die Vorwahl — *STD-code*
das Telefonbuch — *telephone directory*
die Auskunft — *directory enquiries*
der Notruf — *emergency call*
die Telefonzelle — *telephone box*
Firma Schmidt, Schulz am Apparat! — *Smith & Co., Schulz speaking.*

Ich glaube, Sie | haben sich verwählt. — *I think you've got the wrong number.*
| haben falsch gewählt.
| sind falsch verbunden.

Wer spricht da, bitte? — *Who's calling, please?*
Wie war der Name, bitte?
Ich verbinde. — *Trying to connect you.*
Bleiben Sie am Apparat! — *Hold on please.*
Die Nummer ist besetzt. — *The number is engaged.*
Soll ich ihm/ihr etwas ausrichten? — *Shall I give him/her a message?*
Ich möchte mit . . . sprechen. — *I'd like to speak to . . .*
Ist . . . da, bitte? — *Is . . . there, please?*
Wer spricht da, bitte? — *Who's that speaking?*
Ist da . . .? — *Is that . . .?*
Mit wem spreche ich? — *Who am I speaking to?*
Sagen Sie ihm/ihr, ich rufe — *Tell him/her I'll call*
  um . . . Uhr an. — *at . . . o'clock.*
Würden Sie bitte etwas ausrichten? — *Could you give him/her a message, please?*
Wissen Sie, wann er/sie — *Do you know when he/she*
  wieder kommt? — *will be back?*
Ich rufe später wieder an. — *I'll call again later.*

D FURTHER SUGGESTIONS FOR ROLE-PLAYING

1 You want to invite a friend to the pictures or to the disco (or anywhere else you like), but you don't know the number, so you'll have to ask directory enquiries. (Make up a name and address.)
2 Now you have the number, but you dial the wrong number, so you'll have to apologise.
3 Now you dial the right number, but your friend is not at home. You say you'll ring again in an hour.
4 Your friend is now at home, so you can at last invite him/her. (to invite = *einladen*)

5 Explain to one of your friends how to make a phone call to England from Germany. Here are some codes from a German telephone directory to help you.

Großbritannien

Aberdeen	0044 224	Gainsborough	0044 427	Northwich Cheshire	0044 606
Accrington	0044 254	Gateshead	0044 632	Norwich	0044 603
Aldershot	0044 252	Glasgow	0044 41	Nottingham	0044 602
Ascot Berkshire	0044 990	Gloucester	0044 452		
Ashford Kent	0044 233	Great Yarmouth	0044 493		
Ashford Middlesex	0044 7842	Grimsby	0044 472	Oxford	0044 865
		Guildford Surrey	0044 483		
Bangor Co Down	0044 247			Perth	0044 738
Bangor Gwynedd	0044 248	Halifax	0044 422	Peterborough	0044 733
Barnsley Yorkshire	0044 226	Harlow Essex	0044 279	Pitlochry	0044 796
Basingstoke	0044 256	Harrogate	0044 423	Plymouth	0044 752
Bath	0044 225	Harwich Essex	0044 2555	Portsmouth	0044 705
Bedford	0044 234	Haslemere	0044 428	Potters Bar	0044 707
Belfast	0044 232	Hastings	0044 424	Preston Dorset	0044 305
Birmingham	0044 21	Hatfield Hertfordshire	0044 7072		
Blackburn Lancashire	0044 254	Hemel Hempstead	0044 442	Reading	0044 734
Blackpool	0044 253	Hereford	0044 432	Redhill Surrey	0044 737
Bloxwich	0044 922	Hertford	0044 992	Ripley Derbyshire	0044 773
Blyth Northumberland	0044 6706	Holyhead	0044 407	Rotherham	0044 709
Bolton	0044 204	Horsham	0044 403	Rugby	0044 788
Bosham Sussex	0044 243	Huddersfield	0044 484	Ruislip Middlesex	0044 8956
Boston Lincolnshire	0044 205	Hull	0044 482		
Bourne End Buckinghamshire	0044 6285	Hythe Hampshire	0044 703	St Helens	0044 744
Bournemouth	0044 202			Salisbury	0044 722
Bradford Yorkshire	0044 274	Inverness	0044 463	Sevenoaks	0044 732
Brighton	0044 273	Ipswich	0044 473	Sheffield	0044 742
Bristol	0044 272			Shrewsbury	0044 743
Burnley	0044 282	Jersey	0044 534	Southampton	0044 703
				Southend-on-Sea	0044 702
Camberley	0044 276	Kendal	0044 539	Southport	0044 704
Cambridge	0044 223	Kenilworth	0044 926	South Shields	0044 632
Canterbury	0044 227	Keswick	0044 596	Stafford	0044 785
Cardiff	0044 222	Kidderminster	0044 562	Staines	0044 784
Carlisle	0044 228	Kirkcaldy	0044 592	Stamford	0044 780
Chandler's Ford	0044 4215	Kirkham	0044 772	Stirling	0044 786
Chelmsford	0044 245			Stockton-on-Tees	0044 642
Cheltenham	0044 242	Lancaster	0044 524	Stoke-on-Trent	0044 782
Chester	0044 244	Leeds	0044 532	Stratford-on-Avon	0044 789
Chesterfield	0044 246	Leicester	0044 533	Sunderland	0044 783
Colchester	0044 206	Lemington	0044 632	Swansea	0044 792
Coventry	0044 203	Newcastle-on-Tyne		Swindon	0044 793
Crawley Sussex	0044 293	Liverpool	0044 51		
		London	0044 1	Tonbridge	0044 732
Darlington	0044 325	Londonderry	0044 504	Tunbridge Wells	0044 892
Dartford Kent	0044 322	Luton Bedfordshire	0044 582		
Derby	0044 332			Uxbridge	0044 895
Doncaster	0044 302	Macclesfield	0044 625		
Dorchester Dorset	0044 305	Maidenhead	0044 628	Wakefield	0044 924
Dover	0044 304	Maidstone	0044 622	Walsall	0044 922
Downpatrick	0044 396	Manchester	0044 61	Warrington Cheshire	0044 925
Dundee	0044 382	Mansfield	0044 623	Warwick	0044 926
Durham	0044 385	Middlesbrough	0044 642	Weybridge	0044 932
		Milford Haven	0044 6462	Whitchurch Avon	0044 272
Eastbourne	0044 323			Whiteabbey	0044 231
East Grinstead	0044 342	Newark	0044 636	Winchester	0044 962
Edinburgh	0044 31	Newcastle Co Down	0044 3967	Windsor Berkshire	0044 7535
Epsom	0044 3727	Newcastle Staffordshire	0044 782	Wolverhampton	0044 902
Exeter	0044 392	Newcastle-upon-Tyne	0044 632	Worcester	0044 905
		Newhaven	0044 7912		
Farnborough Hampshire	0044 252	Newmarket	0044 638	Yarmouth Isle of Wight	0044 983
Farnborough Oxon	0044 29589	Newport Gwent	0044 633	York	0044 904
Folkestone	0044 303	Northampton	0044 604		

8 Auf der Straße

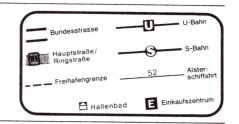

A DIALOGUE

Sie sind in Hamburg. Sie stehen vor dem Rathaus und wollen zur Michaelis-Kirche. Neben Ihnen ist ein Ehepaar, das einen Jungen nach dem Weg fragt.

MANN Entschuldigen Sie, wie kommen wir am besten zu den Landungsbrücken?
JUNGE Gehen Sie hier geradeaus, über den Rödingsmarkt bis zum Baumwall, dann links — immer am Wasser entlang.
FRAU Ist es sehr weit?
JUNGE Ja, ziemlich. Sie brauchen wahrscheinlich eine halbe Stunde.
FRAU Das ist aber weit. Können wir nicht mit der U-Bahn fahren?
JUNGE Doch. Die U-Bahn-Station ist hier gegenüber.
MANN Danke schön.
JUNGE Keine Ursache.

B ROLE-PLAYING DIALOGUE

Jetzt fragen Sie den Jungen, wie Sie zur Michaelis-Kirche kommen.

SIE ....
JUNGE Gehen Sie hier über die Straße und immer geradeaus, bis Sie zu der großen Hauptstraße kommen. Gehen Sie dann nach rechts. Nach etwa 500 Metern sehen Sie die Kirche auf der linken Seite.
SIE (ask him if it's far)
JUNGE Nein, das ist nicht weit.
SIE (thank him)
JUNGE Bitte sehr. Keine Ursache.

Sie sind jetzt in Ihrer eigenen Stadt. Sie stehen vor dem Rathaus. Eine Deutsche kommt und fragt, wie sie zur Post kommt.

FRAU Entschuldigen Sie, sprechen Sie Deutsch?
SIE ....
FRAU Was für ein Glück — ich spreche so wenig Englisch. Was für ein Gebäude ist das hier?
SIE ....
FRAU Und wie komme ich zur Post?
SIE ....
FRAU Ist das weit?
SIE ....
FRAU Danke sehr.
SIE Keine Ursache.

29

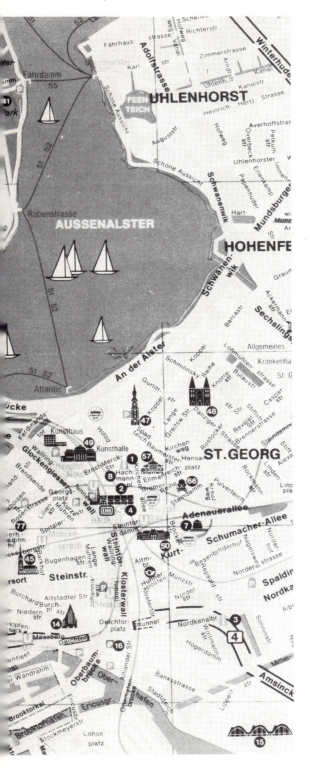

Key to the most important places on map

  1 Tourist Information am Hauptbahnhof
  4 Hauptbahnhof
  5 Dammtorbahnhof
  7 Zentral-Omnibus-Bahnhof
  8 Stadtrundfahrt (Hachmannplatz)
  9 Alsterrundfahrt (Jungfernsteg)
10 Hafenrundfahrt
12 Rathaus
13 Börse
14 Chilehaus
15 Großmarkt
20 Bismarck-Denkmal
22 Fernsehturm
23 Universität
24 Spielbank Hamburg
26 St. Pauli-Landungsbrücken
27 Alter Elbtunnel
28 Hafenpromenade
29 Überseebrücke
32 Fischmarkt
33 Reeperbahn
36 Congress Centrum
38 Planten un Blomen Park
39 Alte Post
42 St. Michaelis-Kirche
43 St. Katharinen-Kirche
44 St. Petri-Kirche
54 Postmuseum
56 Staatsoper
64 Ohnsorg-Theater
70 Amerika-Haus
72 Rotherbaum-Sportplatz
74 Tennisplätze Rotherbaum
75 Eisbahn/Rollschuhbahn
76 Jugendherberge
89 Automuseum

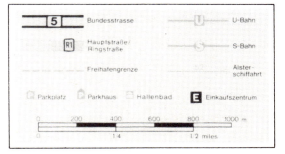

31

C WORDS AND PHRASES

Entschuldigen Sie, wie komme ich | zur Post? (*die* Post)
| zum Bahnhof? (*der* Bahnhof)
| zum Rathaus? (*das* Rathaus)

Wo ist hier | die Post   bitte?
| der Bahnhof
| das Rathaus

Entschuldigen Sie, ich suche | die Post.
| den Bahnhof.
| das Rathaus.

Ist es weit?	*Is it far?*
Wie lang brauche ich?	*How long will it take?*
Sind Sie zu Fuß	*Are you on foot?*
Es ist ziemlich weit.	*It's quite a long way.*
Es ist ganz in der Nähe.	*It's quite near.*
Etwa zweihundert Meter.	*About 200 meters.*
Sie brauchen etwa zehn Minuten.	*It will take you about 10 minutes.*
Sie fahren am besten mit . . .	*You'd better take the . . .*
Gehen Sie hier geradeaus.	*Carry straight on.*
Gehen Sie hier die Straße entlang bis zur Ampel.	*Carry straight on until you get to the traffic lights.*
Gehen Sie nach links/rechts um die Ecke.	*Turn right/left at the corner.*
Die erste Straße nach links.	*The first road on your left.*

Die Post ist auf der | rechten   Seite. | *The post office is on the* | *right.*
| linken | | *left.*

Fragen Sie nochmal an der Kirche.	*Ask again when you get to the church.*
Das weiß ich nicht.	*I don't know.*
Ich habe keine Ahnung.	*I've no idea.*
Da müssen Sie jemand anders fragen.	*You'll have to ask someone else.*
Ich bin hier fremd.	*I'm a stranger here myself.*
Keine Ursache!	*Don't mention it!*

D FURTHER SUGGESTIONS FOR ROLE-PLAYING

1 A tourist standing in front of the town hall in your own town asks you the way to the station — if there isn't a station in your town, to a restaurant or to the cinema.

2 Use the map of Hamburg on pp. 30-31 to ask each other the way to various places. Always say where you are standing. For example:
   Ich stehe vor dem Hauptbahnhof. Wie komme ich am besten zum Rathaus.
   The possibilities are endless.

3 Now do the same with a map of your own town, or a map of another English or (better still) German town.

9 Öffentliche Verkehrsmittel

A DIALOGUE

Sie stehen vor dem Hauptbahnhof und hören den folgenden Dialog. Die Frau ist Ausländerin.

FRAU	Entschuldigung — können Sie mir bitte sagen, wo ich eine Fahrkarte kaufen kann?
MANN	Sie können hier vom Automaten kaufen.
FRAU	Ach ja — und was muß ich tun?
MANN	Tja — wo wollen Sie denn hin?
FRAU	Nach Weilimdorf.
MANN	Schauen Sie — Sie können mit der S-Bahn nach Feuerbach und dann nach Weilimdorf mit der Straßenbahn.
FRAU	Also, ich muß in Feuerbach umsteigen.
MANN	Richtig — jetzt sind wir in der 'Kernzone' — also Stadtmitte — und Weilimdorf ist in Zone 2.
FRAU	Ja.
MANN	Das kostet eine Mark 60. Jetzt drücken wir den Knopf.
FRAU	So?
MANN	Ja. Sie stecken die Münzen hier hinein.
FRAU	Da ist meine Fahrkarte! So einfach! Welche Linie brauche ich?
MANN	S4 oder S5 nach Feuerbach — und dann Linie 13 oder 6 mit der Straßenbahn.
FRAU	Vielen Dank.
MANN	Bitte. Keine Ursache! Ich fahre ja selbst nach Weilimdorf!

B ROLE-PLAYING DIALOGUE

Sie gehen zum Schalter. Sie wollen eine 24-Stunden-Karte kaufen, und dann wollen Sie wissen, wie Sie am besten zum Charlottenplatz kommen.

BEAMTER	Bitte sehr?
SIE	(*24-Stunden-Karte*)
BEAMTER	Ja. Sie wissen, sie ist nur im Innenraum gültig?
SIE	(*you don't understand*)
BEAMTER	Also, nur in der Stadtmitte, nicht wahr?
SIE	(*cost?*)
BEAMTER	Einmal?
SIE	(*yes*)
BEAMTER	Fünf Mark, bitte.
SIE	(*to Charlottenplatz*)
BEAMTER	Fahren Sie mit der Straßenbahn — Linie 5.
SIE	(*how many stops?*)
BEAMTER	Zwei.

C WORDS AND PHRASES

Public transport

Wo ist die nächste │ Haltestelle? │ U-Bahn-Station?	*Where's the nearest │ bus stop?* *│ underground?*
Welcher Bus │ geht nach . . .? Welche Linie │	*Which │bus goes to . . .?* *│number*
Wieviele │ Stationen muß ich fahren? │ Haltestellen	*How many stops it it?*
Wann fährt │ der nächste │ Bus? │ der │ Zug? │ die │ Bahn?	*When is the next │ bus?* *│ train?* *│ train?*
Muß ich Richtung . . . fahren?	*Do I have to go towards/in the direction of . . .?*
Wo muß ich │ umsteigen? │ aussteigen?	*Where do I have to │ change?* *│ get off?*
Muß ich umsteigen?	*Do I have to change?*
Hält der Bus in . . .?	*Does the bus stop in . . .?*
Wo ist der Fahrkartenautomat?	*Where is the ticket machine?*
Kann ich hier eine Tageskarte kaufen?	*Can I buy a 24-hour ticket here?*

Train travel

(eine) einfach(e Karte)	*single*
die Rückfahrkarte	*return*
die Zeitkarte	*season ticket*
— die Jahreskarte	*— for a year*
— die Monatskarte	*—for a month*
— die Vierteljahreskarte	*— for a quarter*
der Zuschlag	*surcharge*
der Schlafwagen	*sleeping car*
der Liegewagen	*couchette*
D-Zug (Schnellzug)	*express train (surcharge to 50 km)*
E-Zug (Eilzug)	*semi-express train*
IC-Zug	*Intercity train*
TEE-Zug	*Trans-Europe-Express (1st class only)*
der Anschluß(zug)	*connection*
Einfach?	*Single?*
Hin und zurück?	*Return?*
Bitte kaufen Sie die Karte vom Automaten.	*Please buy your ticket from the machine.*
Da ist auch ein Zuschlag von . . . Mark.	*There's a surcharge of . . . Marks.*
Ab(fahrt) . . . Uhr.	*It leaves at . . . o'clock.*
An(kunft) . . . Uhr.	*It arrives at . . . o'clock.*
In . . . Minuten von Bahnsteig . . .	*In . . . minutes from platform . . .*
Ein Zug nach . . . fährt um . . . ab.	*A train for . . . leaves at . . .*
Welcher Bahnsteig?	*Which platform?*
Kann ich direkt nach . . . fahren?	*Can I get a train direct to . . .?*
Muß ich umsteigen?	*Do I have to change?*
Hält der Zug in . . .?	*Does the train stop in . . .?*
Köln einfach, bitte, zweite Klasse.	*Second class single to Cologne.*

D FURTHER SUGGESTIONS FOR ROLE-PLAYING

1. Your train leaves in five minutes, and you still have to buy a ticket. There are a lot of people in the queue at the ticket office. Try to convince them that they should let you buy your ticket before them. Phrases you might find useful are:
   nach vorn lassen
   Fahrkarte noch kaufen
   fährt gleich ab
   ich habe es eilig
2. An old lady is standing in front of a ticket machine looking rather bewildered. She asks you how to get a ticket from the machine. You know how to help her. If she asks you about routes, take a look at the plan.

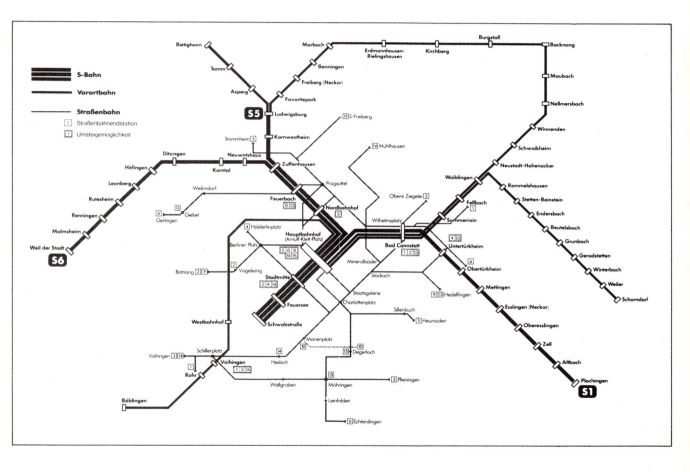

3 Ask each other questions about trains to and from Hamburg and Munich. You could ask things like:

Fährt ein Zug um 18 Uhr nach Hamburg?

Wann fährt der nächste Zug?

Ich fahre um 14.03 nach Hamburg. Muß ich umsteigen?

Erläuterungen und Zeichenerklärung

Die Abfahrt- und Ankunftzeiten gelten immer für den Hauptbahnhof (Hbf).
Auf Zusätze wie „(Main)", „(Westf)" usw. wird verzichtet.

🚅	= Trans-Europ-Express nur 1. Klasse (mit ✕ oder 🍷)	🚌	= Omnibusverbindung
IC	= Intercity-Zug, 1. und 2. Klasse; (mit ✕ oder 🍷)	☎	= Zugsekretariat und Zugtelefon
		U	= Umsteigen
D	= Schnellzug 1. und 2. Klasse	U Köln	= in Köln umsteigen
E	= Eilzug	X	= an Werktagen
		†	= an Sonntagen und allgemeinen Feiertagen

Ohne Buchstaben = Zug des Nahverkehrs

🚃	= Kurswagen	①	= Montag 1)
✕	= Zug-Restaurant	②	= Dienstag 1)
✕	= Zug-Restaurant m. Selbstbedienung	③	= Mittwoch 1)
🍷	= Speisen und Getränke im Zug	④	= Donnerstag 1)
🛏	= Schlafwagen	⑤	= Freitag 1)
🛏	= Liegewagen 2. Klasse	⑥	= Samstag 1)
		⑦	= nur Sonntag

1) Die Züge verkehren, auch wenn der betreffende Wochentag auf einen Feiertag fällt. Sonderregelungen sind in den Fahrplantabellen angegeben.

Als allgemeine Feiertage im Bundesgebiet gelten: Neujahr, Karfreitag, Ostermontag, 1. Mai, Christi Himmelfahrt, Pfingstmontag, 17. Juni, Bußtag, 1. und 2. Weihnachtsfeiertag

Züge, die nur an bestimmten Tagen, nur im Festverkehr oder nur während eines kurzen Zeitabschnittes verkehren, sind nicht aufgenommen.

Für die Benutzung der 🚅-, **IC**- und **D**-Züge kommen im Bereich der **DB** folgende **Zuschläge** hinzu·

🚅- und **IC**-Züge 1. Kl. 10,00 DM, 2. Kl. 3,00 DM, **D**-Züge bis 50 km 3,00 DM

Bei 🚅- und Intercityzügen Platzreservierung unentgeltlich

Auf Schlaf- und Liegewagen wird nur dann hingewiesen, wenn sie eine Laufzeit von wenigstens 5 Stunden haben.

Bei der Fülle des zu verarbeitenden Materials sind trotz sorgfältiger Bearbeitung vereinzelte Druckfehler oder kleinere Unstimmigkeiten nicht immer vermeidbar. **Eine rechtliche Gewähr für die Richtigkeit des Inhalts kann daher nicht übernommen werden.**

DB Von Stuttgart nach

München Hbf

und zurück

Stuttgart ab	Zug Nr	an	Bemerkungen	ab	Zug Nr	Stg an	Bemerkungen
0.17	E 2365	3.50		1.15	E 2364	5.13	
3.17	D 897	6.25		4.00	D 718	6.44	
4.13	D 317	7.14		5.43	TEE 616	7.57	
4.20	D 217	7.23		6.43	D 614	8.57	
5.55	D 711	8.52		7.03	D 814	9.45	
6.19	D 219	9.00		7.25	D 996	10.04	
6.57	TEE 591	9.10		7.43	TEE 518	9.57	
7.03	D 263	9.33		8.43	D 690	10.57	
7.39	E 3147	10.31		9.01	D 416	11.43	
7.57	TEE 593	10.10		9.26	TEE 18	11.37	
8.57	TEE 595	11.10		9.43	D 610	11.57	
9.20	D 893	11.53		10.32	D 1716	13.11	
9.57	TEE 511	12.10		10.43	TEE 612	12.57	
10.25	D 993	13.04		11.43	TEE 516	13.57	
10.57	TEE 597	13.10		12.43	D 514	14.57	
11.57	TEE 117	14.10		13.00	D 894	15.35	
12.01	D 211	14.27		13.43	TEE 598	15.57	
12.17	D 799	14.56		13.55	D 264	16.25	
12.44	D 1717	15.19		14.00	D 798	16.41	
12.57	TEE 513	15.10		14.43	TEE 116	16.57	
13.57	TEE 599	16.10		15.43	TEE 512	17.57	
14.33	D 265	16.57		15.47	D 210	18.18	
14.57	TEE 515	17.10		15.55	D 892	18.38	
15.57	TEE 517	18.10		16.43	TEE 596	18.57	
16.57	TEE 613	19.10		17.19	D 992	19.58	
17.21	D 895	19.57		17.43	TEE 510	19.57	
17.42	D 417	20.26		18.27	E 3146	21.31	
17.57	TEE 611	20.10		18.43	D 594	20.57	
18.20	TEE 19	20.34		19.43	TEE 592	21.57	
18.57	TEE 519	21.13		20.47	D 262	23.16	
19.15	D 815	21.56		20.51	D 710	23.40	
19.57	D 615	22.13		21.10	D 218	23.56	
20.27	D 997	23.19		23.10	D 216	1.57	
20.57	TEE 691	23.13		23.30	D 896	2.15	
22.26	D 719	1.13					

- ⓐ = ① bis ⑤ nicht 16. 17 VI
- ⓕ = täglich außer ④ nicht 15. 16 VI
- ⓖ = ① bis ⑥ nicht 16. 17 VI

▨ = Münz-Funkfernsprecher

DB Von Stuttgart nach

Hamburg Hbf

und zurück

Stuttgart ab	Zug Nr	an	Bemerkungen	ab	Zug Nr	Stg an	Bemerkungen
6.00	TEE 692	13.09		5.40	D 581	12.51	Hannover TEE
7.03	TEE 535	14.08	Ⓜ Mannheim				Mannheim
8.03	TEE 616	15.09	Ⓜ Mannheim	6.45	TEE 599	13.51	
9.03	TEE 614	16.09	Ⓜ Mannheim	7.45	TEE 173	14.51	Ⓜ Mannheim
10.03	TEE 518	17.10	Ⓜ Mannh Ⓜ Hannover	8.45	TEE 175	15.51	Ⓜ Mannheim
11.03	TEE 690	18.09		8.50	D 793	17.28	über Würzburg
12.03	TEE 610	19.09	Ⓜ Mannheim	9.45	TEE 177	16.51	Ⓜ Mannheim
12.12	E 3006	20.34	Karlsruhe D	9.45	TEE 177	16.46	Frankfurt D
13.03	TEE 612	20.09	Ⓜ Mannheim	10.45	D 587	17.51	Hannover
13.57	D 792	22.17	?				Mannheim
14.03	TEE 516	21.09	Ⓜ Mannheim	11.45	TEE 577	18.51	Ⓜ Mannheim
15.03	TEE 514	22.09	Ⓜ Mannheim	12.45	TEE 179	19.51	Ⓜ Mannheim
16.03	TEE 598	23.09		13.45	D 691	20.51	
17.03	TEE 116	0.14	Mannh Ⓜ Hannover D	14.45	TEE 579	21.51	Ⓜ Mannheim
20.06	D 992	5.54	Ⓜ Frankfurt	15.45	TEE 671	22.51	Ⓜ Mannheim
21.10	D 898	6.24	Ⓜ Frankfurt	16.45	D 693	23.57	
21.18	D 898	8.19		17.45	TEE 673	2.53	Frankfurt E
22.18	D 890	6.59		22.10	D 899	8.38	ab Frankfurt
23.34	D 262	7.50	Karlsruhe	22.40	D 891	6.47	über Würzburg
				23.50	D 875	9.51	Ⓜ Heidelbg
				23.50	D 875	10.16	Ⓜ Frankfurt

- ⓐ = täglich außer ④ nicht 15. 16 VI
- ⓑ = ① bis ⑥ nicht 16. 17 VI
- ⓒ = Zug führt nur Schlaf- und Liegewagen

▨ = Münz-Funkfernsprecher

37

10 Autowerkstatt und Tankstelle

⏯ A DIALOGUE

Sie fahren zu der nächsten Werkstatt. Ein anderer Fahrer spricht schon mit dem Mechaniker. Er hatte Schwierigkeiten beim Starten. Vielleicht ist der Starter kaputt — oder die Zündkerzen. Und sein linkes Rücklicht ist auch kaputt. Das Auto braucht auch einen Ölwechsel.

KUNDE	Heute hatte ich Schwierigkeiten beim Starten. Können Sie bitte den Starter und die Zündkerzen prüfen?
MECHANIKER	Ja, sicher. Sonst noch was?
KUNDE	Ach ja, die Batterie. Ich glaube, sie ist zu schwach.
MECHANIKER	Wir prüfen die Batterie.
KUNDE	Und das linke Rücklicht — da ist etwas nicht ganz in Ordnung.
MECHANIKER	Das linke Rücklicht, gut. Ölwechsel?
KUNDE	Ja, bitte.
MECHANIKER	Was für Öl haben Sie?
KUNDE	Das weiß ich nicht, aber es steht im Kundendienstheft. Wann kann ich das Auto abholen?
MECHANIKER	Tja, heute ist ziemlich viel los. Kommen Sie gegen 16 Uhr. Bis dann sind wir sicher fertig.
KUNDE	Prima. Der Schlüssel steckt im Auto. Auf Wiedersehen.
MECHANIKER	Wiedersehen.

⏯ B ROLE-PLAYING DIALOGUE

Sie haben Schwierigkeiten mit Ihrem Mofa — es startet einfach nicht. Das müssen Sie dem Mechaniker erzählen.

MECHANIKER	Ja, bitte. Was kann ich für Sie tun?
SIE	....
MECHANIKER	Startet nicht? Haben Sie die Zündkerze geprüft?
SIE	*(yes; everything was OK)*
MECHANIKER	Und den Vergaser?
SIE	*(no, you haven't checked that)*
MECHANIKER	Ach, schauen Sie mal! Das Rohr ist kaputt. Wir müssen das reparieren. Sie müssen Ihr Mofa hier lassen. Geht das heute?
SIE	*(yes)*
MECHANIKER	Ihr Name, bitte?
SIE	....
MECHANIKER	Adresse?
SIE	....
MECHANIKER	Sollen wir noch etwas prüfen?
SIE	....

MECHANIKER	Gut. Können Sie das Mofa gegen 16 Uhr abholen? Heute ist leider viel los.
SIE	(*that's OK; thank him*)
MECHANIKER	Gut. Bis 16 Uhr. Auf Wiedersehen.

C WORDS AND PHRASES

der Kunde	*customer*
der Kundendienst	*service*
das Kundendienstheft	*service booklet*
der Ölwechsel	*oil change*
das Rohr	*pipe, tube*

At the petrol station

Super oder Normal?	*Which kind of petrol? (Most German petrol stations only have the two kinds for cars.)*
Volltanken?	*Shall I fill her up?*
Brauchen Sie Öl?	*Do you need any oil?*
Machen Sie bitte die Haube auf!	*Open the bonnet, please.*
Sie brauchen Öl.	*You need more oil.*
Soll ich die Scheibe putzen?	*Shall I clean your windscreen?*
Wasser ist drüben.	*Water is over there.*
Luft	*Air*
Volltanken, bitte.	*Full, please.*
. . . Liter, bitter.	*. . . litres, please.*
Prüfen Sie bitte das Öl.	*Please check the oil.*
den Reifendruck.	*tyre pressure.*
Der Ersatzreifen ist hinten.	*The spare wheel is at the back.*

At the garage

Mein Auto braucht einen Kundendienst.	*My car needs a service.*
Prüfen Sie bitte den Auspuff.	*Please check the exhaust.*
die Reifen.	*tyres.*
die Bremsen.	*brakes.*
Die Lenkung ist nicht in Ordnung.	*There's something wrong with the steering.*
Ist das eine große Arbeit?	*Is it a big job?*
Brauchen Sie lang?	*Will it take long?*
Wann kann ich das Auto abholen?	*When can I fetch the car?*
Können Sie das heute reparieren?	*Can you repair it today?*
Wird es teuer?	*Will it be expensive?*
Wir können gleich nachschauen.	*We can take a look now.*
Das geht schnell.	*It's only a small job.*
Können Sie das Auto gegen 15 Uhr abholen?	*Can you pick up the car at about 3 o'clock?*
Können Sie das Auto einen Tag in der Werkstatt lassen?	*Can you leave the car with us for a whole day?*
Steckt der Schlüssel im Auto?	*Is the key in the car?*
Wann war der letzte Kundendienst?	*When was your last service?*
Wenn es etwas Größeres ist, rufen wir Sie an.	*If it's anything big we'll give you a ring.*

D FURTHER SUGGESTIONS FOR ROLE-PLAYING

1 While you are going home on your moped after they've mended it, you hear a strange noise and the moped gets slower and slower. Finally, something falls off the engine! You'll have to walk back to the garage and complain. The mechanic will want to know exactly what happened, so you'll find the following phrases useful:
   Ich muß mich beschweren!/komische Geräusche/immer langsamer/etwas verloren

2 You have just taken your car for a service and receive a bill for 500 marks! You think that's a little too much (especially if you compare it with the bill shown here). Go back to the garage and ask the mechanic why it cost so much.

Reinhard Katz & Söhne 7063 Welzheim
Vertragswerkstatt · Kundendienst und Verkauf   Schorndorfer Str. 126
Telefon 3 94

Herrn
Graham Wilson

7063 Welzheim

Rechnung Nr.
Bei Rückfragen bitte Rechnungs-Nummer angeben.

Datum 27.9.79
Auftrag Nr.

Betriebs-Nr.	Amtl. Kennzeichen	Typ/Modell	Zulass.-Datum	Fahrgestell-Nummer	Annahme-Datum	km-Stand	KD-Berat.
136/7166	WN-LX322				27.9.79	57282	Katz

01150000	Regelservice	52.50
94151912	Einen Doppelscheinwerfer ersetzt	18.75
02020650	Ventilspiel eingestellt	13.75
02155500	Trockenluftfiltereinsatz ersetzt	1.90
02185500	Kraftstoffilter ersetzt	1.90
02645500	Bremsflüssigkeit gewechselt	15.--
99999999	Motorraum gereinigt	13.75

Arbeitslohn	127.55
Original-Teile	100.04
Original-Zubehör	
Sonst. Teile u. Zub./Reifen	26.24
Schmierstoffe	
Fremde Firmen	
Kleinteile, Sonstiges	
Gesamt	253.83
Umsatzsteuer 13%	33.--
USt. auf Altwert *	
Schmierstoffe mit USt **	29.70
Gesamt-Betrag	316.53

Quittungsdruck

40

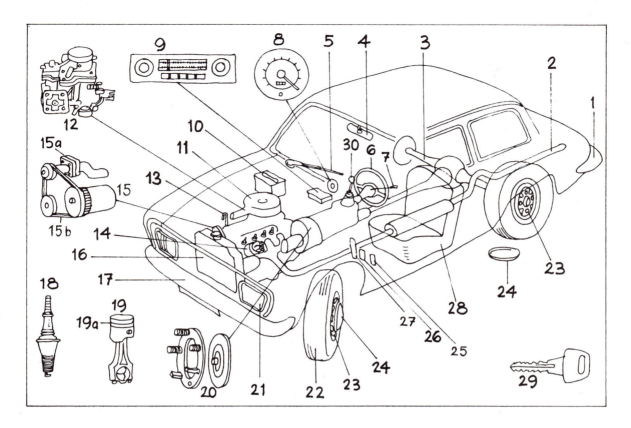

Das Auto

1 die hintere Stoßstange
2 der Auspuff
3 die Hinterachse
4 der Rückspiegel
5 der Scheibenwischer
6 das Lenkrad
7 der Blinker
8 der Tachometer
9 das Radio
10 die Batterie
11 der Luftfilter
12 der Vergaser
13 der Ölmeßstab
14 der Verteiler
15 der Dynamo
   15a die Kühlwasserpumpe
   15b der Keilriemen

16 der Kühler
17 die vordere Stoßstange
18 die Zündkerze
19 der Kolben
   19a der Kolbenring
20 die Kupplungsscheibe
21 der Scheinwerfer
22 der Reifen
23 die Felge
24 die Radkappe
25 die Kupplung
26 die Bremse
27 das Gas
28 der Sitz
29 der Zündschlüssel
30 die Gangschaltung

11 In einem Geschäft
a) Essen

A DIALOGUES

Sie gehen mit einer deutschen Bekannten einkaufen.

Beim Metzger

METZGER	Grüß Gott, Frau Heinrich. Was darf es sein?
FRAU HEINRICH	Zuerst 500 Gramm von Ihrer Blutwurst und 500 Gramm gekochten Schinken.
METZGER	Jawohl. 500 Gramm Blutwurst. Und 500 Gramm gekochten Schinken — darf es ein bißchen mehr sein?
FRAU HEINRICH	Ja. Dann Rindsleber — drei Scheiben.
METZGER	Bitte sehr. Sonst noch etwas?
FRAU HEINRICH	Ja. Zehn Eier, bitte. Hier ist eine Schachtel.
METZGER	Sonst noch einen Wunsch?
FRAU HEINRICH	Nein, danke.
METZGER	Also — 2 Mark 50 — 9 Mark — 3 Mark 80 und 2 Mark. Zusammen 17 Mark 30 bitte.
FRAU HEINRICH	Ich habe nur einen 100-Mark-Schein, geht das?
METZGER	Ja — haben Sie 30 Pfennig?
FRAU HEINRICH	Ja.
METZGER	Und 73 Mark zurück.
FRAU HEINRICH	Danke. Auf Wiedersehen.
METZGER	Auf Wiedersehen.

die Blutwurst *a sausage something like black pudding, often very spicy*
der Schinken *ham*
die Leber *liver*

Beim Bäcker

BÄCKER	Grüß Gott!
FRAU HEINRICH	Grüß Gott. Bitte, sechs Mohnbrötchen und sechs Brezeln.
BÄCKER	Ja. Sonst noch etwas?
FRAU HEINRICH	Eine Schneckennudel und zwei Stück Torte.
BÄCKER	Schwarzwälder Kirsch, Käsesahne, Sachertorte?
FRAU HEINRICH	Zwei Stück Schwarzwälder Kirsch, bitte — und ein halbes Pfund Jacobs-Kaffee-Krönung.
BÄCKER	Gemahlen?
FRAU HEINRICH	Nein, Bohnen, bitte.
BÄCKER	Sonst noch etwas?

| FRAU HEINRICH | Nein, danke. |
| BÄCKER | Das macht zusammen 12 Mark 88 bitte. |

das Brötchen	*bread roll*
das Mohnbrötchen	*roll covered in poppy seeds*
die Schneckennudel	*pastry curled round to look rather like a snail, tasting like a 'Danish pastry'*
Schwarzwälder Kirsch	*gateau with layers of cream and cherries flavoured with cherry brandy*
die Käsesahne	*cheesecake*
gemahlen/Bohnen	*(coffee) ground/beans*

Auf dem Markt

Heute kauft Frau Heinrich ihr Gemüse und Obst auf dem Markt.

FRAU HEINRICH	Wo sind Ihre Birnen?
VERKÄUFER	Da hinten links — ein Pfund für 60.
FRAU HEINRICH	Ich nehme 1 Kilo.
VERKÄUFER	Bitte sehr — sonst noch etwas?
FRAU HEINRICH	Ja. Zwiebeln.
VERKÄUFER	Wieviel?
FRAU HEINRICH	Fünf Kilo, bitte.
VERKÄUFER	Nehmen Sie am besten den Fünf-Kilo-Sack. Das macht zusammen 4 Mark 70.
FRAU HEINRICH	So, bitte schön.

In einem kleinen Geschäft

Andere Sachen kauft Frau Heinrich oft in einem kleinen Geschäft (lieber als im Supermarkt).

VERKÄUFER	Guten Tag.
FRAU HEINRICH	Guten Tag. Ich möchte bitte zwei Liter Milch — und haben Sie heute Camembert?
VERKÄUFER	Ja.
FRAU HEINRICH	Eine Packung, bitte. Und ein Kilo Zucker. Das ist alles.
VERKÄUFER	Das macht 6 Mark 37 bitte.
FRAU HEINRICH	Hier sind zehn Mark.
VERKÄUFER	Haben Sie 37 Pfennig?
FRAU HEINRICH	Nein, tut mir leid.

B ROLE-PLAYING DIALOGUE

Zuerst gehen Sie zum Metzger. Kaufen Sie 500g Hackfleisch, 500g Leberwurst und 250g Schinken!

METZGER   Grüß Gott. Was darf es sein?
SIE   (*Hackfleisch*)
METZGER   Ja — 500g Hackfleisch. Sonst noch etwas?
SIE   (*Leberwurst*)
METZGER   Darf ich eine Dose Leberwurst empfehlen? 400g zu 3 Mark 50.
SIE   ....
METZGER   Sonst noch einen Wunsch?
SIE   (*Schinken*)
METZGER   Gekochten Schinken?
SIE   (*yes*)
METZGER   Noch etwas.
SIE   ....
METZGER   Das macht 12 Mark 15 zusammen, bitte.

Jetzt müssen Sie zum Lebensmittelhändler. Dort brauchen Sie (in dieser Reihenfolge) ein halbes Pfund Margarine, 200g Emmentaler und zwei Fruchtjoghurt.

VERKÄUFER   Guten Tag.
SIE   ....
VERKÄUFER   Ein halbes Pfund Margarine — ja — sonst noch etwas?
SIE   ....
VERKÄUFER   Jawohl. Sonst noch einen Wunsch?
SIE   ....
VERKÄUFER   Kirsch, Aprikosen, Himbeer?
SIE   ....
VERKÄUFER   Sonst noch etwas?
SIE   ....
VERKÄUFER   Das macht genau 4,60 bitte.

C WORDS AND PHRASES

das Hackfleisch	*mince (minced meat)*
gekochter Schinken	*boiled ham*
die Dose (Leberwurst)	*tin (of liver sausage)*
Werden Sie schon bedient?	*Are you being served?*
Womit kann ich Ihnen dienen?	*What can I get you?*
Was darf's denn sein?	
Soll ich es schneiden?	*Shall I cut it?*
Am Stück oder in Scheiben?	*One piece or sliced? (of meat)*
Darf's ein bißchen mehr sein?	*Can it be a bit over?*
Ein Kilo zu 5 Mark.	*One kilo for 5 marks.*
Heute haben wir . . . im Sonderangebot.	*. . . is on offer today.*
Sonst noch etwas?	*Anything else?*
Sonst noch einen Wunsch?	
Noch etwas?	

Möchten Sie | eine Tüte? — *Would you like a* | bag?
| eine Plastiktüte? — | plastic bag?

Soll ich es einpacken?	*Shall I wrap it? (e.g. a box of chocolates)*
Haben Sie es klein?	*(When talking about money) Have you got any small change?*

Bitte | ein Pfund . . . — *A pound of . . ., please.*
| einen Liter . . . — *A litre of . . ., please.*
| eine Packung . . . — *A packet of . . ., please.*
| ein Glas . . . — *A jar of . . ., please.*
| eine Büchse . . . — *A tin of . . ., please.*
| eine Dose . . . — *A tin of . . ., please.*
| eine Flasche . . . — *A bottle of . . ., please.*

Schneiden Sie mir . . . bitte dünn!   *Cut the . . . thin for me, please.*

D FURTHER SUGGESTIONS FOR ROLE-PLAYING

1 Here is your shopping list. You must go to three different shops. (This time you're not allowed to get everything at the supermarket!)

10 eggs	1 jar of jam
1 jar instant coffee	6 fruit yoghourts
1 kilo sugar	2 litres of milk
1 loaf of bread	500 g cheese
6 bread rolls	

2 Now make up your own shopping lists and buy the things you need. Use the prices and words given in these adverts to help you.

Kraft
Käseaufschnitt — 200 g Beutel — **1.98**

SB-Margarine
250 g Becher — **-.99**

Pril
1 Liter Flasche — **2.99**

Softlan
Weichspüler — 4 Liter Flasche — **4.88**

Zum Einmachen
Südtiroler
Williams-Birnen
500 g — **-.69**

Griechische
Nektarinen
Hkl. I — 500 g — **1.08**

Zum Einmachen
Rum. Paprika
gelb-rund, Hkl. II — 500 g — **-.98**

Hackfleisch
gemischt — 500 g — **4.98**

Schweine-Schnitzel
saftig und mager — **5.49**
Großpackung ab 8 Stück — 500 g

Westfälischer Rollschinken
mild geräuchert — 100 g — **1.79**

Bayerischer Wacholderschinken
100 g — **1.79**

Kölner Blutwurst
einfach, würzig, deftig
500 g — **1.99**

Kölner Leberwurst
im Fettdarm
100 g — **-.79**

Pommes frites
vorgebacken und tiefgefroren
1000 g-Beutel — **1.19**

Westfälischer Bauchspeck

geräuchert und
appetitlich verpackt

100 g **-.69**

Allgäuer Emmentaler

45% Fett i. Tr.
am Stück

100 g **-.99**

Rahm-Spinat
tiefgefroren
450 g-Paket **-.99**

Deutscher Butterkäse
45% Fett i. Tr.

Deutscher Tilsiter
45% Fett i. Tr.

Deutscher Gouda
45% Fett i. Tr.
am Stück, 100 g **-.79**

Magerquark
reich an Eiweiß
500 g **-.89**

Frutti-Joghurt
mit zubereiteten Früchten
3er-Packung **-.89**

Frische Eier
Handelsklasse A
Größenklasse 5
10 Stück **1.79**

Langnese Bienenhonig
1000 g-Glas **6.99**

Salami, Katenrauch u. Cervelat
je 400-g-Stück **3.99**

Ferrero Kinderüberraschung
Stück **-.79**

Blend-a-med Zahncreme
mint und normal
67,5-ml-Tube **1.99**

Alpenhain H-Camembert
45 % Fett i. Tr.
125-g-Schachtel **1.69**

Ehrmann Almighurt
verschiedene Sorten
150-g-Becher **-.59**

Zitronentee-Getränk
400-g-Glas **1.79**

Pepsi Cola, Mirinda, Schwip-Schwap
je 0,33-Liter-Dose **-.39**

Erdbeer-Schaumwein
0,75-Liter-Flasche **1.99**

Tomatenpaprika
geviertelt
720-ml-Glas **1.49**

12 In einem Geschäft
b) Schallplatten und Cassetten

A DIALOGUE

Sie suchen eine Schallplatte oder Cassette in einem schönen, großen Plattengeschäft. Ein Teenager kauft eine Cassette von Konstantin Wecker (ein deutscher Sänger). Er wollte die Schallplatte kaufen, aber sie war ausverkauft. Außerdem braucht er eine Reinigungscassette und eine leere Stereo-Cassette.

TEENAGER	Haben Sie die neue Platte von Konstantin Wecker?
VERKÄUFERIN	Ja, da drüben links.
TEENAGER	Ich finde sie aber nicht, ich habe schon gesucht.
VERKÄUFERIN	Schon ausverkauft?
TEENAGER	Sieht so aus, ja.
VERKÄUFERIN	Dann haben wir im Moment nur die Cassette.
TEENAGER	Wann bekommen Sie eine neue Lieferung?
VERKÄUFERIN	Das weiß ich nicht. Vielleicht in vierzehn Tagen.
TEENAGER	Tja, das ist ein Geschenk. Ich weiß nicht. Gut, ich nehme die Cassette.
VERKÄUFERIN	In Ordnung.
TEENAGER	Und eine Reinigungscassette, bitte. Und eine leere Stereo-Cassette.
VERKÄUFERIN	60 oder 90 Minuten?
TEENAGER	60 Minuten — BASF, wenn Sie es haben.
VERKÄUFERIN	Sonst noch etwas?
TEENAGER	Nein, das ist alles.
VERKÄUFERIN	Das macht genau 25 Mark, bitte.
TEENAGER	Dreißig.
VERKÄUFERIN	Und fünf zurück, danke, Wiedersehen.
TEENAGER	Wiedersehen.

B ROLE-PLAYING DIALOGUE

Jetzt müssen Sie auch fragen, wo Ihre Platte zu finden ist — die neue Platte von **Ihrer Lieblingsgruppe oder Ihrem Lieblingssänger.**

SIE	*(ask her where the record is)*
VERKÄUFERIN	Ganz hinten rechts, Reihe 15c.
SIE	*(you've looked but it's not there)*
VERKÄUFERIN	Moment, ich sehe hinten nach — nein, tut mir leid. Wie wär's mit der Cassette?
SIE	*(no; ask her when there'll be another delivery)*
VERKÄUFERIN	Vielleicht am Mittwoch.
SIE	*(you'll come again on Thursday)*

C   WORDS AND PHRASES

Many of the phrases in chapter 11 also apply here. Here we will only give you a few specific words and phrases.

die Schallplatte	*record*
die Platte	
die Cassette	*cassette*
die Kassette	
die Reinigungscassette	*cassette head cleaner*
die neue Lieferung	*a new delivery*
die Langspielplatte	*LP*

(*You will also find many English words used e.g.* die LP, Stereo, die Single, Bestseller, das Album.)

die Hülle	*(record) sleeve*
Kann ich Ihnen helfen?	*Can I help you?*
Werden Sie schon bedient?	*Are you being served?*
Suchen Sie etwas Bestimmtes?	*Are you looking for something in particular?*
Hatten Sie an etwas Bestimmtes gedacht?	*Had you anything particular in mind?*
Danke, ich schaue nur.	*I'm only looking, thanks.*
Ich möchte mich ein wenig umschauen.	*I'd like to look round.*
Kann ich hier . . . bekommen?	*Can I get . . . here?*
Können Sie mir . . . zeigen?	*Can you show me . . .?*
Wo kann ich bezahlen?	*Where do I pay?*
Darf ich mit Scheck bezahlen?	*Can I pay by cheque?*
Kann ich . . . tauschen?	*Can I change . . .?*
Ich möchte einen Gutschein.	*I'd like a token.*

D   FURTHER SUGGESTIONS FOR ROLE-PLAYING

1 You buy a record, but when you get home you find that the shop assistant has put the wrong record into the sleeve. You'll have to go back and complain.
You should find some of the words and phrases you need in this chapter. You will also need:

> *Ich muß mich beschweren!*
> *diese Hülle*
> *die falsche Platt*
> *Ich wollte die Platte von . . . und nicht von . . .*

49

13 Bei einer Party

🎧 A DIALOGUE

HANS   Ja, Brigitte! Wie geht es dir? Ich habe dich lange nicht mehr gesehen.
BRIGITTE   Ach, mir geht es sehr gut. Tolle Party, nicht?
HANS   Ja. Darf ich John vorstellen? Er ist ein Bekannter aus England und wohnt drei Wochen bei mir — John, das ist Brigitte Mielke.
BRIGITTE   Tag.
JOHN   Guten Tag.
BRIGITTE   Aus welcher Stadt kommst du?
JOHN   Aus Cambridge.
BRIGITTE   Ich habe gehört, wie schön es dort ist.
HANS   Ist es auch! Ich war vor zwei Jahren dort.
BRIGITTE   Und was machst du hier jetzt?
JOHN   Urlaub. Wir haben die Gegend gesehen — es gefällt mir sehr.
BRIGITTE   Du könntest doch abends zu mir kommen, wenn du möchtest.
JOHN   Ja, das wäre sehr schön.
HANS   Das wäre ja prima! Ich habe abends sehr wenig Zeit, etwas mit John zu unternehmen.
BRIGITTE   Gut — dann sagen wir Donnerstag?
JOHN   Oh, da habe ich etwas vor. Wir gehen ins Kino, nicht wahr?
HANS   Ja, das stimmt.
BRIGITTE   Vielleicht am Freitag?
JOHN   Ja, das geht.
BRIGITTE   Sagen wir um halb acht?
JOHN   Ja. Wo wohnst du?
BRIGITTE   Hans kann es dir erklären. Jetzt erzähl' mir etwas von Cambridge!

🎧 B ROLE-PLAYING DIALOGUE

MANN   Warst du schon in dem alten Schloß?
SIE   (no)
MANN   Möchtest du mit uns kommen?
SIE   (yes)
MANN   Hast du Zeit am Samstag?
SIE   (yes)
MANN   Obgleich — samstags sind immer viele Touristen da oben. Wann hast du unter der Woche Zeit?
SIE   ....

MANN	Prima! Sagen wir um 9 Uhr morgens?
SIE	. . . .
MANN	Ich hole dich ab. Ach, du, darf ich Brigitte vorstellen?
SIE	(say your name when introducing yourself)
FRAU	Brigitte Mielke, Tag. Kommst du aus England?
SIE	. . . .
FRAU	Aus welcher Stadt?
SIE	. . . .
FRAU	Und was machst du jetzt in Deutschland?
SIE	. . . .
FRAU	Prima!

C WORDS AND PHRASES

At a party, the possibilities for subjects of conversation are, of course, endless. Here we are only going to give you phrases to introduce yourself and others, and to accept or refuse invitations.

Introducing people

Darf ich . . . vorstellen?
Kennen Sie   . . . schon?
Kennst du

Introducing yourself

Darf ich mich vorstellen?

Meeting someone again

Kennen wir uns nicht?
Herr . . . ., nicht wahr?
Nett ⎪dich   wiederzusehen.
     ⎪Sie

First remarks after an introduction

Freut mich!   (*Informal*)
Es freut mich, Sie kennenzulernen.   (*Very formal*)
Schön ⎪dich   wiederzusehen.
      ⎪Sie
Ich wollte Sie schon lange kennenlernen.   (*Rather formal*)
. . . hat mir viel von Ihnen erzählt.   (*. . . has told me so much about you.*)

Good wishes

Viel Spaß noch!
Schöne ⎪Ferien   noch!
       ⎪Tage
Mach's gut.   (*Very informal — something like 'Look after yourself'*)

Schönen Gruß an . . .!
Grüßen Sie . . . von mir!

Inviting people

Darf ich | Sie zum . . . einladen?
| dich

Komm' doch | zum Abendessen!
Kommen Sie | am Freitag!
Welcher Tag würde | Ihnen passen?
| dir
| euch

Wie wär's mit Samstag?
Du kannst jederzeit kommen. *(Come any time.)*
Wir freuen uns sehr auf deinen Besuch.
Es wäre nett, wenn | du kommen könntest.
| Sie könnten.

Hast du | am . . . etwas vor?
Haben Sie |

Accepting invitations

Schön!
Toll!
Prima!
Ja, ich komme gern.
Ja, ich freue mich darauf.
Das ist sehr freundlich von Ihnen.
Danke, das würde ich gerne tun.
Ja, das wäre sehr schön.

Refusing invitations

Danke für die Einladung, aber . . .
Ich würde gern kommen, aber . . .
Es ist schade, aber . . .
Das kann ich leider nicht.
Am Freitag kann ich leider nicht.
Vielleicht ein andermal.

D FURTHER SUGGESTIONS FOR ROLE-PLAYING

1 At a party you see a couple of people you already know. Go up to them and remind them who you are (if they have forgotten). Ask them how they are, and then invite them somewhere.
2 With the aid of the diary page, plan a week or ten days of what you like doing best. Then ask your friends if they would like to do these things with you. (Do you know what the saying at the top means?)

mai

Arbeite nie vor dem Frühstück.
Wenn du vor dem Frühstück arbeiten mußt,
frühstücke vorher.

do	Tag der Arbeit	1
fr		2
sa		3
so		4
mo		5
di		6
mi	☽	7
do		8
fr		9
sa		10
so	Muttertag	11
mo		12
di		13
mi	●	14
do	Christi Himmelfahrt	15
fr		16
sa		17
so		18

14 Im Reisebüro

🎧 A DIALOGUE

Sie sind jetzt in Stuttgart und wollen von dort ein paar Tage in Berlin verbringen. Sie gehen in ein Reisebüro. Da spricht ein Mann mit der Angestellten:

MANN	Guten Tag, ich möchte Ende des Monats nach London — ich weiß aber nicht, wie ich am besten fahren soll.
ANGESTELLTE	Sie haben drei Möglichkeiten — mit dem Auto, mit dem Zug oder mit dem Flugzeug.
MANN	Mit dem Auto ist zu anstrengend.
ANGESTELLTE	Ja sicher — es ist auch teuer jetzt mit den Benzinpreisen.
MANN	Was kostet es mit dem Zug?
ANGESTELLTE	Ab Stuttgart über Ostende — 347 Mark für Hin- und Rückfahrt.
MANN	Wie lange dauert die Reise?
ANGESTELLTE	Fünfzehn Stunden. Sie fahren um Mitternacht ab und kommen um fünfzehn Uhr in London an.
MANN	Dann muß ich wohl in der Nacht fahren.
ANGESTELLTE	Ja. Sie können aber einen Liegeplatz oder einen Schlafwagenplatz reservieren.
MANN	Was kostet so etwas?
ANGESTELLTE	Liegewagen achtzehn Mark — und im Schlafwagen — Moment — ja — 53 Mark in einem Dreibettabteil.
MANN	Also 347 hin und zurück, dann zwei mal 53 — das sind . . .
ANGESTELLTE	453 Mark.
MANN	Und eine lange Reise!
ANGESTELLTE	Oder Sie können fliegen. Sie fliegen samstags los, sonntags zurück — und mit dem Rückflug können Sie sich bis zu vier Wochen Zeit lassen.
MANN	Was kostet das?
ANGESTELLTE	428 Mark ab Stuttgart, hin und zurück.
MANN	Das muß ich alles gut überlegen. Geben Sie mir bitte ein paar Prospekte.

🎧 B ROLE-PLAYING DIALOGUE

Sie sind in einem Reisebüro in Stuttgart. Sie wollen ein paar Tage in Berlin verbringen. Die Angestellte sagt Ihnen, wie Sie am besten fahren und wo Sie übernachten können.

ANGESTELLTE	Guten Tag, was kann ich für Sie tun?
SIE	....
ANGESTELLTE	Wie möchten Sie nach Berlin fahren?

SIE	(you don't know)
ANGESTELLTE	Sie können mit dem Auto, mit dem Bus, mit dem Zug fahren — oder Sie können fliegen. Das ist gar nicht so teuer. Wie lange möchten Sie in Berlin bleiben?
SIE	(3 or 4 days)
ANGESTELLTE	Hier ist eine Reise für drei Tage — Donnerstag bis Sonntag — in einer Pension. Das kostet 389 Mark. Oder hier mit GIT-Flug, fünf Nächte — Dienstag bis Sonntag für 476 Mark. Das Zimmer hat keine Dusche.
SIE	(by train)
ANGESTELLTE	Ja, für drei Nächte im selben Hotel 311 Mark — aber die Reise ist auch viel länger.
SIE	(you'll think about it)
ANGESTELLTE	Gut, aber denken Sie bitte nicht zu lange nach. Die Buchungen dauern ein paar Tage.
SIE	(you want brochures)
ANGESTELLTE	Ja, sicher. Diese drei informieren über alle Möglichkeiten. Ich habe meine Vorschläge angekreuzt.
SIE	(thank her)
ANGESTELLTE	Bitte sehr. Auf Wiedersehen.

C WORDS AND PHRASES

What the travel agent says

Was für eine Reise möchten Sie?	*What sort of a trip had you in mind?*
Ich glaube, wir haben etwas für Sie.	*I think we have just the thing!*
An welchem Tag möchten Sie reisen?	*Which day do you want to travel?*
Wo möchten Sie hin?	*Where do you want to go?*
Haben Sie an ein bestimmtes Gebiet gedacht?	*Do you have a particular area in mind?*
Wann wollen Sie zurück?	*When do you want to return?*
Wie wär's mit einer Reise nach . . .?	*What about a trip to . . .?*
Wie wär's mit einer Stadtrundfahrt?	*What about a guided tour?*
Denken Sie daran, daß Sie bald buchen müssen!	*Don't forget that you'll have to book soon.*
Können Sie eine Anzahlung von zehn Prozent machen?	*Can you make a deposit of 10%?*
Möchten Sie ein paar Prospekte? Broschüren?	*Would you like a few brochures?*
Sie können die Tickets in zwei Tagen abholen.	*You can collect your tickets in two days' time.*

What you say

Ich will eine Reise nach . . . buchen.	*I want to book a trip to . . .*
Ich will ans Meer fahren.	*I want a trip to the sea.*
Ich will ein paar Tage in . . . verbringen.	*I want to spend a few days in . . .*
Haben Sie einen Stadtplan?	*Have you got a town plan?*
Wann fahren wir ab? kommen wir an?	*When do we leave? arrive?*
Fliegen wir über . . .? Fahren	*Do we fly via . . .? travel*

55

Wie lang dauert die Reise?	*How long does the journey take?*
Muß ich eine Anzahlung machen?	*Do I have to pay a deposit?*
Muß ich gleich bezahlen?	*Do I have to pay straight away?*
Ich muß es noch überlegen.	*I'll have to think about it.*
Haben Sie Prospekte/Broschüren von . . .?	*Have you got any brochures for . . .?*
Darf ich die Prospekte mitnehmen?	*Can I take the brochures?*
Sind die Prospekte/Broschüren kostenlos?	*Are the brochures free?*
Ich muß meine Reise stornieren.	*I'll have to cancel my journey.*
Bekommen wir unser Geld zurück?	*Do we get our money back?*
Wieviel bekomme ich zurück?	*How much do I get back?*

D FURTHER SUGGESTIONS FOR ROLE-PLAYING

1 Imagine you want to go to the travel agents to ask about a weekend in Vienna (*Wien*).
2 You went to Berlin, but the weekend was a disaster! The hotel was bad, the guided tour left late and didn't go to half the places listed, the plane left three hours late etc. You'll have to go to the travel agents and complain. Start by saying: '*Ich muß mich beklagen!*' (= I want to make a complaint). The details of the hotel, prices and the guided tour are given here. (Remember to say: '*Das Flugzeug hatte drei Stunden Verspätung!*'.)

Tour B ab DM 249

**Askanischer Hof oder gleichwertige Pension.
Lage: Zentrale Lage am oder in unmittelbarer Nähe des Kurfürstendamms. Daher nicht ruhig gelegen.
Beschreibung: Gutgeführte Hotelpensionen mit Frühstücksraum und teils mit kleiner Bar.
Zimmer: Gutbürgerliche, saubere Doppelzimmer mit fl. w/k Wasser. Zuschlag Dusche DM 20,– pro Person. Inkl. Frühstück.
Hinweis: Gästen zu empfehlen, die preiswert reisen wollen.**

ReisePreise/DM

Grund-preise	Werbe-saison 3 Tage Do–So	Zwisch.-saison 3 Tage Do–So	Hoch-saison 3 Tage Do–So	Zusätzl. Leistungen pro Person/3 Tage			
				EZ	DZ	DU	FR
Tour A	179	209	229	–	30	–	–
Tour B	249	279	299	30	inkl.	20	inkl.
Tour C	289	319	339	50	inkl.	inkl.	inkl.
Tour D	329	359	379	90	inkl.	inkl.	inkl.

Abflug **Hannover** **Grundpreis**
Abflug **Hamburg** Zuschlag DM 10
Abflug **Frankfurt** Zuschlag DM 80
Abflug **Düsseldorf** Zuschlag DM 90
Abflug **Köln** Zuschlag DM 90
Abflug **Stuttgart** Zuschlag DM 110

Stadtrundfahrt West-Berlin ca. DM 20,–
Ca. 3 Stunden mit den wichtigsten Sehenswürdig-
keiten. Rathaus Schöneberg, Kreuzberg, Potsdamer
Platz, Philharmonie, Brandenburger Tor, Hansa-
Viertel, Schloß Charlottenburg, Olympia-Stadion
usw. Bei dieser ausführlichen Rundfahrt durch
West-Berlin lernen Sie alles das kennen, was die
Vielfalt und den Reiz dieser Stadt ausmacht.

Stadtrundfahrt Ost-Berlin ca. DM 19,–
Eine Vielzahl historischer Sehenswürdigkeiten be-
finden sich in Ost-Berlin. Während unserer ca.
3stündigen Fahrt besichtigen wir u. a. Friedrich-
straße, ‚Unter den Linden‘, die Humboldtuniversi-
tät, das ehemalige Zeughaus, Treptower Ehrenmal,
den neu gestalteten Alexanderplatz. Zum Preis ad-
dieren sich die Transit-Gebühren der DDR.

3 A German friend sends you the following advert that he found in a magazine. He asks you to find out as much as you can about the town, its hotels and what there is to do there. He also wants to know the best time of year to go there, and how he can get there.

15 Auf dem Flughafen

A DIALOGUE

Herr Schmidt ruft den Flughafen an. Er möchte am kommenden Freitag nach London fliegen und erkundigt sich danach.

STIMME Flughafen, Lufthansa, guten Tag.
SCHMIDT Schmidt, guten Tag. Ich will am kommenden Freitag nach London fliegen. Also am vierzehnten. Um wieviel Uhr kann man fliegen?
STIMME Sie haben zwei Möglichkeiten mit Lufthansa — um 7 Uhr oder um 11 Uhr 45. British Airways hat auch eine Maschine um 18 Uhr 50.
SCHMIDT Ja, der Flug am Mittag wäre am besten. Was kostet der Flug?
STIMME 397 Mark.
SCHMIDT Hin und zurück?
STIMME Nein, das ist nur einfach. Wenn Sie am Samstag fliegen und an einem Samstag oder Sonntag zurückfliegen, sparen Sie bis zu 50 Prozent gegenüber dem Normaltarif.
SCHMIDT Und was kostet das?
STIMME Unser Wochenend-Tarif, Stuttgart/London und zurück ist — Moment — 428 Mark. Da sparen Sie über 350 Mark.
SCHMIDT Ja, gut. Dann fliege ich am Samstag um 11 Uhr 45.
STIMME Am fünfzehnten. Ja — da ist ein Platz frei. Und Ihr Rückflug?
SCHMIDT Am Sonntag dem dreiundzwanzigsten. Um wieviel Uhr?
STIMME Um 8 Uhr 25 oder um 16 Uhr 10. Der erste kommt um 11 Uhr in Stuttgart an, der andere um 18 Uhr 45.
SCHMIDT Der zweite, bitte, um 16 Uhr 10.
STIMME In Ordnung. Also: Hinflug Stuttgart/London am 15. um 11 Uhr 45, Ankunft 12 Uhr 30, Flugnummer LH 064; Rückflug am 23. ab London um 16 Uhr 10, an Stuttgart um 18 Uhr 45, Flugnummer LH 065. Wie war Ihr Name, bitte?
SCHMIDT Schmidt.
STIMME Mit d-t?
SCHMIDT Ja.
STIMME Und Ihr Vorname?
SCHMIDT Robert.
STIMME Ihre Adresse und Telefonnummer?
SCHMIDT Neue Straße 17, Stuttgart — Telefon 0711/63275.
STIMME Gut, Herr Schmidt, alles in Ordnung. Kommen Sie zum Lufthansa-Schalter eine Stunde vor Abflug.
SCHMIDT Vielen Dank, auf Wiederhören.
STIMME Wiederhören.

59

B ROLE-PLAYING DIALOGUE

Jetzt buchen Sie auch einen Flug. Sie wollen nur einen einfachen Flug am selben Tag wie Herr Schmidt.

STIMME Flughafen, Lufthansa, guten Tag.
SIE *(date you want to fly)*
STIMME Um 7 Uhr, um 11 Uhr 45 oder um 18 Uhr 50?
SIE *(11.45)*
STIMME Wann möchten Sie zurück?
SIE *(only one way)*
STIMME Ja, dann kostet das 397 Mark.
SIE *(weekend)*
STIMME Bei den Wochenend-Tarifen müssen Sie auch den Rückflug buchen. Soll ich den Hinflug buchen?
SIE *(yes)*
STIMME Also, Flugnummer LH 064 am 15. Ab Stuttgart 11 Uhr 45, an London 12 Uhr 30. Wie ist Ihr Name, bitte?
SIE ....
STIMME Wie schreibt man das?
SIE ....
STIMME Und Ihr Vorname?
SIE ....
STIMME Haben Sie eine Adresse und Telefonnummer in Deutschland?
SIE ....
STIMME Gut. Kommen Sie zum Lufthansa-Schalter eine Stunde vor Abflug.
SIE ....
STIMME Wiederhören.

C WORDS AND PHRASES

Talking about booking a flight

| Ich möchte | am 12. | nach . . . fliegen. |
| | nächste Woche | |

I want to fly to . . . on the 12th. next week.

Hin und zurück	*Return trip/journey.*
Einfach	*One way.*
Wie lang dauert die Reise?	*How long does the journey take?*

Ich möchte mit	Lufthansa		*I want to fly Lufthansa.*
	British Airways		*British Airways.*
	fliegen.		

Sind noch Plätze frei?	*Are there any seats left?*
Können Sie mir einen Platz reservieren?	*Can you reserve me a seat, please?*
Sie können um . . . fliegen.	*You can fly at . . . o'clock.*
Das ist der letzte Flug bis . . .	*That's the last flight until . . .*
Wir haben zwei pro Tag.	*We have two (flights) per day.*
Alles ist ausgebucht.	*Everything is full.*
Der Rückflug muß an einem Samstag oder Sonntag sein.	*The return flight must be on a Saturday or Sunday.*

	Sie können Ihr Ticket mitnehmen.	*You can take your ticket with you.*
	Sie können Ihr Ticket am Schalter abholen.	*You can collect your ticket at the desk.*
Checking in	Wieviel Gepäck darf man mitnehmen?	*How much luggage can I take?*
	Hat der Flug Verspätung?	*Is the flight delayed?*
	Stellen Sie Ihr Gepäck auf die Waage!	*Put your luggage on the scales.*
	Sie dürfen 20 Kilo mitnehmen.	*You can take 20 kilos.*
	Sie müssen für Ihr Übergepäck bezahlen.	*You'll have to pay for your excess baggage.*
	Den Koffer dürfen Sie nicht mitnehmen.	*You can't take that case (on board) with you.*
	Hier ist Ihre Bordkarte.	*Here is your boarding card.*
	Sie können jetzt durch die Paßkontrolle.	*You can go through passport control now.*
	Ausgang . . ., Flugnummer . . ., um . . . Uhr.	*Gate/Exit . . ., flight number . . . at . . . o'clock.*
	Planmäßige | Ankunft um . . . | Abfahrt	*Expected | arrival at . . . | departure*
	Die Maschine hat Verspätung.	*The flight has been delayed.*

D FURTHER SUGGESTIONS FOR ROLE-PLAYING

1 Imagine you are due to fly back to England tomorrow (any flight you like — all the possibilities and prices are shown) but you must stay three more days. Ring the airport and change your flight. You might find chapter 7 useful. The German for a change of booking is 'umbuchen'. (See pp.62-3.)

2 You arrive at the airport too late and miss your flight. Imagine you now have to explain at the Lufthansa desk and book another flight. (See p. 64.)

LONDON—STUTTGART

DEPART London, Heathrow Airport. BA flights: Terminal 1 (Minimum check-in time at pier gate 20 mins)
Other flights: Terminal 2 (Minimum check-in time 30 mins)
ARRIVE Stuttgart Airport

Frequency	Aircraft Dep	Arr	Via	Transfer Times	Flight	Aircraft	Class & Catering
Daily ex Su	0820(x)	1055	non-stop		LH063	737	FY
Daily to 25 Sep	1500	1735	non-stop		LH067	737	FY
Daily	1555	1825(y)	non-stop		BA760	B11 (a)	CM ♛
Daily from 26 Sep	1600	1735	non-stop		LH067	737	FY

LONDON—FRANKFURT

DEPART London, Heathrow Airport. BA flights: Terminal 1 (Minimum check-in time at pier gate 20 mins)
Other flights: Terminal 2 (Minimum check-in time 30 mins)
ARRIVE Frankfurt-on-Main Airport

Frequency	Aircraft Dep	Arr	Via	Transfer Times	Flight	Aircraft	Class & Catering
Daily	0815	1040(y)	non-stop		BA724	B11	CM ♛
Daily to 25 Sep	1000	1225	non-stop		LH033	AB3	FY
Daily from 26 Sep	1100	1225	non-stop		LH033	AB3	FY
Daily	1130	1355(y)	non-stop		BA726	B11	CM ✈
Daily to 25 Sep	1400	1625	non-stop		LH035	727 (a)	FY
Daily from 26 Sep	1500	1625	non-stop		LH035	727 (a)	FY
Daily	1535	1800(y)	non-stop		BA728	TRD	CM ♛
Daily	1655	1920(y)	non-stop		BA730	TRD	CM ♛
Daily to 25 Sep	1800	2025	non-stop		LH037	AB3	FY
Daily from 26 Sep	1900	2025	non-stop		LH037	AB3	FY

MANCHESTER—FRANKFURT

DEPART Manchester Airport (Minimum check-in time BA 20 mins; Other flights 30 mins)
ARRIVE Frankfurt-on-Main Airport

Frequency	Aircraft Dep	Arr	Via	Transfer Times	Flight	Aircraft	Class & Catering
Daily ex Su	0800	1135(y)	Birmingham		BA962	B11	CM ♛
Daily	1735(x)	2020	non-stop		LH075	737	FY

✈ Meal — i.e. full breakfast, lunch, dinner or supper
   Repas — petit déjeuner anglais, déjeuner, diner ou souper
   Essen — warmes Fruhstuck, Mittagessen oder Abendessen

♛ Flight snack/Continental breakfast/Refreshment/Afternoon tea
   Repas léger/petit déjeuner continental/collation/thé
   Imbiss/Fruhstuck/Erfrischungen/Kaffeegedeck

   Beverage service. Boissons non alcoolisées. Kaffeegedeck
⊗ Meal/light meal first or club class; refreshment/beverage service economy or tourist
   Repas/repas léger première classe ou classe Club; collation/boissons chaudes classe économique ou touriste
   Essen erste Klasse oder Clubklasse; Imbiss oder Kaffeegedeck Economyklasse oder Touristenklasse

62

STUTTGART—LONDON

DEPART Stuttgart Airport (Minimum check-in time 30 mins)
ARRIVE London, Heathrow Airport. BA flights: Terminal 1; Other flights: Terminal 2

Frequency	Aircraft Dep	Arr	Via	Transfer Times	Flight	Aircraft	Class & Catering
Daily ex Su to 25 Sep	0700	0740	non-stop		LH062	737	FY
Daily ex Su from 27 Sep	0700	0840	non-stop		LH062	737	FY
Daily to 25 Sep	1150	1230	non-stop		LH064	737	FY
Daily from 26 Sep	1150	1330	non-stop		LH064	737	FY
Daily	1905(y)	1945	non-stop		BA761	B11 (a)	CM ✈

FRANKFURT—LONDON

DEPART Frankfurt-on-Main Airport (Minimum check-in time 30 mins)
ARRIVE London, Heathrow Airport. BA flights: Terminal 1; Other flights: Terminal 2

Frequency	Aircraft Dep	Arr	Via	Transfer Times	Flight	Aircraft	Class & Catering
Daily	0835	0910(x)	non-stop		LH030	AB3	FY
Daily	0905(y)	0935	non-stop		BA723	TRD	CM ⊛
Daily	1125(y)	1150	non-stop		BA725	B11	CM ✈
Daily to 25 Sep	1235	1310	non-stop		LH032	727 (a)	FY
Daily from 26 Sep	1235	1410	non-stop		LH032	727 (a)	FY
Daily	1440(y)	1510	non-stop		BA727	B11	CM ✈
Daily to 25 Sep	1635	1710	non-stop		LH034	AB3	FY
Daily from 26 Sep	1635	1810	non-stop		LH034	AB3	FY
Daily	1900(y)	1930	non-stop		BA729	TRD	CM ✈

FRANKFURT—MANCHESTER

DEPART Frankfurt-on-Main Airport (Minimum check-in time 30 mins)
ARRIVE Manchester Airport

Frequency	Aircraft Dep	Arr	Via	Transfer Times	Flight	Aircraft	Class & Catering
Daily ex Su	1220(y)	1355	Birmingham		BA963	B11	CM ✈
Daily	1615	1655(x)	non-stop		LH074	737	FY

Class of service

R	Supersonic	Supersonique	Supersonic
F	First Class	Première Classe	Erste Klasse
P	First Class (sleeper seat surcharge)	Première Classe (avec supplement couchette)	Erste Klasse (Schlaf sessel zuschleg)
C	Club (British Airways)*	Club (British Airways)*	Club (British Airways)*
J	Super Club (USA)	Super Club (EU)	Super Club (US)
Y	Economy Class	Classe Economique	Economyklass
M	Tourist Class	Classe Touriste	Touristklasse

*Different arrangements on certain other airlines/Des classes différentes s'appliquent sur les vols de certaines compagnies aériennes/Auf die Flugen bestimmter Fluggesellschaften gelten andere Bestimmungen.

Lufthansa Wochenend-Tarife für Europa von/nach, Economy-Klasse in DM	Amsterdam	Brüssel	Genf	Helsinki	Kopenhagen	London	Mailand	Manchester	Oslo	Paris	Stockholm	Turin	Wien	Zürich
Berlin	328,–	530,–	530,–	767,–	397,–	543,–	592,–	786,–	636,–	508,–	636,–	607,–	590,–	452,–
Bremen	208,–	455,–	515,–	731,–	324,–	378,–	579,–	819,–	639,–	433,–	639,–	594,–	607,–	446,–
Köln/Bonn/ Düsseldorf	150,–	168,–	357,–	814,–	407,–	315,–	412,–	427,–	663,–	282,–	663,–	427,–	478,–	296,–
Frankfurt	234,–	229,–	309,–	814,–	444,–	393,–	363,–	505,–	672,–	329,–	672,–	379,–	373,–	224,–
Hamburg	235,–	303,–	522,–	619,–	246,–	421,–	561,–	862,–	493,–	446,–	493,–	576,–	607,–	445,–
Hannover	235,–	455,–	502,–	731,–	324,–	421,–	555,–	862,–	639,–	426,–	639,–	571,–	588,–	421,–
München	354,–	343,–	272,–	1.046,–	545,–	501,–	320,–	942,–	902,–	419,–	902,–	335,–	232,–	176,–
Nürnberg	351,–	341,–	480,–	987,–	540,–	443,–	491,–	884,–	836,–	461,–	836,–	506,–	529,–	354,–
Saarbrücken	396,–	–	484,–	972,–	590,–	574,–	512,–	1.015,–	816,–	–	816,–	–	525,–	395,–
Stuttgart	351,–	341,–	225,–	972,–	502,–	428,–	353,–	869,–	824,–	330,–	824,–	369,–	349,–	138,–

Samstags fliegen Sie los, sonntags zurück (und mit dem Rückflug können Sie sich bis zu 4 Wochen Zeit lassen). Der Rückflug muß lediglich an einem Samstag oder Sonntag stattfinden. Dabei sparen Sie bis zu 50% gegenüber dem Normaltarif. Gehen Sie deshalb sofort in Ihr Reisebüro mit Lufthansa-Agentur und buchen Sie ein himmelblaues Wochenende.